北京市科学技术协会
科普创作出版资金资助

让科学传播开来 1

总 主 编：曾 兴　史冬青

本书主编：史冬青　刘明星　王 蕊

电子工业出版社·

Publishing House of Electronics Industry

北京·BEIJING

图书在版编目（CIP）数据

让科学传播开来．1 / 史冬青，刘明星，王蕊主编．
北京 ： 电子工业出版社，2024. 8. -- ISBN 978-7-121
-48776-7

Ⅰ．G206.2

中国国家版本馆 CIP 数据核字第 2024CC5166 号

责任编辑：仝赛赛　常魏魏
印　　刷：中煤（北京）印务有限公司
装　　订：中煤（北京）印务有限公司
出版发行：电子工业出版社
　　　　　北京市海淀区万寿路 173 信箱　邮编：100036
开　　本：880×1230　1/32　印张：9.25　字数：296 千字
版　　次：2024 年 8 月第 1 版
印　　次：2024 年 8 月第 1 次印刷
定　　价：49.80 元

凡所购买电子工业出版社图书有缺损问题，请向购买书店调换。若书店
售缺，请与本社发行部联系，联系及邮购电话：（010）88254888，88258888。

质量投诉请发邮件至 zlts@phei.com.cn，盗版侵权举报请发邮件至
dbqq@phei.com.cn。

本书咨询联系方式：（010）88254510，tongss@phei.com.cn。

编委会

总 主 编：曾 兴　史冬青

顾问委员会：任福君　苏 青　周洪直

本 书 主 编：史冬青　刘明星　王 蕊

本书副主编：马丽丽　尹焕楠　弘 屿

书 名 题 字：孙克信　尚永斌

插 画 设 计：王霄煦　张浩翀

编　　　委（按姓氏笔画排序）：

王振祥　王 玲　王霄煦　邓 晶　白 欣

田 蕊　申 珂　由长龙　仝赛赛　李 辰

朱镕宽　许 蕊　杜 伟　陆迎莹　张皓楠

张浩翀　谷会颖　庞森尔　林滢珺　金 衡

杨 奇　姜天垚　夏 卫　高芫赫　龚玍红

常魏巍　滕 元

播科学星火　强创新之基

　　科学的力量不仅取决于其本身价值，更取决于它是否被传播及被传播的广度和深度。党的十八大以来，以习近平同志为核心的党中央高度重视科学普及工作。在2016年，全国"科技三会"上，习近平总书记指出，科技创新、科学普及是实现创新发展的两翼，要把科学普及放在与科技创新同等重要的位置。党的二十大报告强调，培育创新文化，弘扬科学家精神，涵养优良学风，营造创新氛围。2023年7月，习近平在给"科学与中国"院士专家代表的回信中强调，科学普及是实现创新发展的重要基础性工作，还强调以优质丰富的内容和喜闻乐见的形式，激发青少年崇尚科学、探索未知的兴趣，促进全民科学素质的提高，为实现高水平科技自立自强、推进中国式现代化不断作出新贡献。习近平总书记这一系列重要指示批示精神，为新时期科学普及事业的创新发展提供了根本遵循。

进入新时代，中国科普事业肩负着更加重要的职责和使命，要以全民科学素质的持续提升构筑未来发展新优势，厚植国家创新发展的土址和基础。这就需要以更加符合科技创新发展规律和时代需要的手段，传播科学精神、科学思想、科学知识、科学方法，弘扬创新文化，在科技创新与科学普及协同进步中，让公众理解科学，让科学普惠人民，助力高水平科技自立自强。广大科学传播工作者积极响应党和国家号召，回应时代要求和公众期盼，开展大量卓有成效的工作，进一步营造讲科学、爱科学、学科学、用科学的良好社会氛围，持续提升公众科学文化素养，并取得实实在在的效果。第十三次中国公民科学素质抽样调查结果显示：2023 年我国公民具备科学素质的比例达到14.14%，科技创新的基础进一步提升。

在科普实践中，科学传播工作者创作了许许多多优秀的科普作品，这些作品以其优质的内容、丰富的形式和多样化的传播渠道，广受公众喜爱，达到了很好的传播效果。在此基础上，迫切需要搭建一个供从业者交流分享的平台，梳理分析各类优秀作品的特色和优势，挖掘其教育价值和传播价值，总结提炼优秀作品的共性特征和创作规律，指导科学传播从业人员更好地开展科普实践，这也许就是该书创作的初衷。该书精心遴选了近年来科学传播各领域的典型案例，涵盖讲解稿件、科普剧本、科普海报、科普教案、人物访谈多种形式的内容创作。每一个案例都是一个鲜活的故事，生动展示了科学传播者如何巧妙运用创新理念、精准策略和先进技术，打破科学与公众之间的知识壁垒，激发公众对科学的好奇心与求知欲，进而推动科学精神与科学方法在社会各层面的普及与应用。学界及业界专家对本书所收集的作品进行了点评，深度剖析了其成功要素、创新点及其对科学传播理论与实践的贡献，帮助从业者把握科普工作的核心理念和前沿趋势，为其创新科普内容和形式，做好公民科学素质提升和创新氛围营造工作提供了成功的经验和范例。

认真品鉴这些案例，读者不仅能领略到科学传播的魅力与力量，更能从其成功背后洞察科学传播的内在规律与核心要义，窥见科学传播实践中的智慧闪光点，提炼出可推广、可借鉴的经验与模式。可以说，该书不仅是一本面向科学传播从业者的工作手册，为其提供丰富的实践参照与创新灵感，也是科学传播教育与培训的理想教材，为学生和学员提供生动鲜活的学习素材，提升教学效果；对于广大公众而言，阅读此书将是一次科学之旅，能增进科学认知，提升科学素养，激发科学兴趣，更好地理解科学、应用科学。

科普伴随科技创新而生，也推动科技创新不断发展。科技创新没有止境，科学素质的进步也不会停歇。党的二十届三中全会对进一步全面深化改革作出系统部署，明确"教育、科技、人才是中国式现代化的基础性、战略性支撑"，要求构建支持全面创新体制机制。广大科普工作者肩负时代赋予的使命，在推进中国式现代化征程中大有可为，希望全社会共同努力，加快构建政府、社会、市场等协同推进的社会化科普发展格局，希望从业人员加强科普能力建设，以满足公众需求为导向，持续提升科普作品原创能力，创作出更多更好的科普作品，播撒科学星火，厚植创新沃土，以更加强劲的科学普及之翼助力强国建设、民族复兴伟业。

是为序。

中国科学技术协会原党组书记
全国政协教科文卫体委员会原主任

张玉台

2024 年 8 月

作者序

在科学技术日新月异的时代背景下，科学传播作为连接科学与社会、科学家与公众的桥梁，其重要性日益凸显。然而，科学传播并非易事，它要求我们以创新的思维、精准的策略和有效的手段，将深奥的科学知识转化为易于公众理解、接受和参与的信息。面对这一挑战，无数科学传播工作者在实践中探索、创新，创作出许多优秀的作品。本书对这些熠熠生辉的实践精华进行了系统梳理与深度剖析，旨在为所有关心及投身科学传播事业的人们提供实践指南与思想启迪。

本书以严谨的学术态度和开阔的行业视野，精心遴选了近年来科学传播各领域的典型成功案例，涵盖讲解稿件、科普海报、科普剧本、活动教案等多种形式。每一个作品都是一个鲜活的故事，生动展示了科学传播者如何巧妙运用创新理念、精准策略和先进技术来打破科学与公众之间的知识壁垒，激发了公众对科学的好奇心与求知欲，进而推动了科学精神、科学思想与科学方法在社会各层面的普及与应用。

本书细致描写了科普作品的背景、关键环节，以及面临的挑战与应对措施，通过这些翔实的剖析，读者将得以窥见科学传播实践中的智慧闪光点，提炼出可借鉴、可复制的经验与模式。

尤为值得一提的是，本书并未止步于科普作品的呈现与解读，我们有幸邀请到行业专家、学者，以及直接参与作品实践的资深人士，对案例进行独到点评与深刻反思，他们的真知灼见无疑为读者提供了多元视角和深度思考的空间，使本书的理论价值与实践指导意义得以升华。

科学传播是一项永无止境的事业，需要我们不断创新与实践。希望本书的创作能丰富科学传播的探索之路，使我们从过去的实践中汲取智慧，以更加自信、坚定的步伐迈向科学传播的新时代。我们期待每一位读者都能从中获得启发，共同为推动科学传播事业的进步、提升全民科学文化素质、构建科学理性的社会环境贡献力量。

史冬青

2024 年 8 月

目录

第一章

天宫的问候

遨游太阳系

作品选送：马丽丽　点评：白欣

　　教案中的教学活动过程清晰，从情境导入到探究思考，再到解释说明、测量计算和实践探究，每个教学环节都紧密相连，逐步引导学生深入理解太阳系的结构和行星的特征，特别是拟人化的角色介绍和天文单位的换算练习使抽象的天文知识变得生动和易于理解。

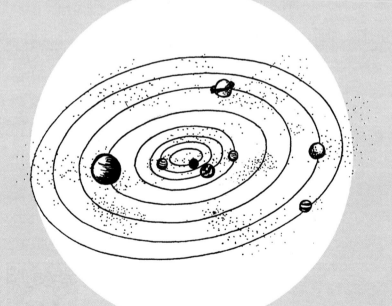

活动教案

遨游太阳系

一、课程概述

遥远的天空中有什么？人类为了了解地球之外的样子，付出了无数的辛劳与心血。从万户尝试用自制火箭飞天，到哥白尼捍卫日心说，人类对宇宙的理解日渐深入。科学家们是如何对地外天体逐步展开研究的呢？要解答这个问题，我们需要从对太阳系的研究说起。

本课程将太阳系八大行星之间的关系转化为数学问题，探究太阳系中各天体之间的位置与距离排序关系，结合科学、数学方面的知识，将看似遥不可及的天文知识以触手可及的方式呈现，让学生体会天文学的魅力，培养学生多方面的素养。

二、学情分析

考虑到小学中高年级学生的心理特征和认知发展阶段，教师应该在学生现有的认知水平上，通过经验分析来提高他们探究问题本质的能力。此外，通过教授科学的思维方法来激发他们的创新精神。

三、设计意图

本课程以太阳系的八大行星及小行星、彗星等天体作为学习内容，以行星之间的距离和相对位置为出发点，使用数学中的比例换算等知识来搭建太阳系模型。学生将通过探究和查询相关资料来深入了解这些天体，最后将所学的知识应用到模型制作或海报设计中，以此来解析和展示太阳系的奥秘。

在这个过程中，让学生利用数学工具来解决天文问题，然后通过制作模型来进行互动交流，激发他们探索地球以外天体的兴趣，并培养其使用严格的科学方法来解决问题的能力。这样的教学方式有助于培养学生的探索精神和创新意识。

四、教学目标

1. **科学知识：** 能够知道不同层次的天体系统，认识地球所处的宇宙环境，能运用太阳、地球和月球的相对运动解释相关的自然现象。

2．**科学思维**：通过探究实际问题的过程，能够学会从特殊到一般、从简单到复杂的研究方法。熟悉分类的数学思想，提高分析问题、解决问题的能力。

3．**探究实践**：能够通过测算与排序，制作太阳系模型。

4．**态度责任**：对航空航天类专业的学习和实践产生初步的兴趣，树立敢于质疑、勇于创新的态度，愿意合作与交流，与大家共同应对科学、技术和工程方面的挑战。

五、重点与难点

1．**重点**：认识太阳系的八大行星和一些特殊成员，知道太阳、地球和月亮之间的空间关系及其相关的自然现象。

2．**难点**：通过提取行星资料卡信息、换算天文距离等活动，制作太阳系八大行星模型。

六、方法与策略

依据设置的课程目标，提取课程的重难点，在符合学生认知水平的基础上，采取讨论法、讲授法、演示法、任务驱动法及项目式学习法相结合的方式进行教学，最大限度地激发学生对太空探索的兴趣，调动学生主动学习的积极性，进而完成课程目标。

七、教学准备

1. 行星间距离图

2. 有关太阳系的书籍、资源或其他材料

3. 彩笔、马克笔、剪刀、胶棒或胶水、报纸、线绳、泡沫板、牙签、大小不一的泡沫球

4. 水星、金星、地球、月球、火星、木星、土星、天王星、海王星的图片（分给每个小组一套图片，贴在泡沫球上代表相应的天体）

八、教学过程

环节一：导入（5分钟）

1. **教师活动**：播放与嫦娥五号探测器相关的视频，并讲解嫦娥五号完成月面取样任务（月壤与月岩的采集及返回）的相关知识。提出问题：我们为什么要探索月球？地球和月球的关系是怎样的？地球之外还有哪些天体呢？

2．**学生活动**：观看视频，小组讨论教师提出的问题。

3．**设计意图**：通过播放视频激发学生的学习兴趣，让学生认识到航天与我们每个人都息息相关。通过提出一系列问题，引发学生的思考和想象，并初步了解学生对天文知识的掌握程度。

环节二：探究（20分钟）

1．**教师活动**：引导学生在学习单上记录自己对地球、太阳系乃至宇宙的想法和认知。发放八大行星的资料，组织学生进行小组交流和分享，鼓励他们对关键信息进行记录。提出问题：太阳系的结构是什么样的？八大行星各有什么特征？八大行星在宇宙空间中是如何排列的？如何测算八大行星之间的距离？

2．**学生活动**：填写学习单，并讨论教师提出的问题。

3．**设计意图**：通过让学生讨论、交流和记录信息，培养学生的信息搜集和记录能力。提供补充资料，让学生自行查找、整合并记录信息。通过模拟科学家工作，增强学生的参与感，提升学生阅读文献及处理信息的能力。使用学习单作为形成性评价依据，可以检验学生对课程内容的掌握情况。

环节三：阐释（10 分钟）

1. **教师活动**：选择几组学生，使他们向全班同学展示和分享整理的信息，并邀请其他小组进行补充讨论。

总结知识点，用拟人化的方式介绍太阳系中每个行星的特征，并利用视频、图片及故事进行生动的展示。（例如，把水星比喻成一名擅长百米冲刺的运动员，他喜欢穿灰色的衣服）。

2. **学生活动**：完成对太阳系八大行星基本信息的整合后，与同学分享，交流讨论八大行星的数据特征。

3. **设计意图**：阐释是教学环节的关键，教师通过引导和支持，使学生成为课堂的主体，以此激发学生的主动性，提高其思辨能力。通过拟人化方式和生动的展示，让学生与遥远星球建立情感联系，从而提高他们的学习投入度。

环节四：测算（15 分钟）

1. **教师活动**：带领学生查找地球与月球之间距离的相关资料，指导学生探究八大行星与太阳的距离关系，介绍天文单位 AU 的定义，与刚刚学习的天文距离进行联系和换算。

2．**学生活动**：学习地月距离的单位换算方法，独立完成八大行星与太阳的距离换算表格，并填写学习单。

3．**设计意图**：通过单位的换算，让学生加深对 AU 定义的理解，并复习数学知识，对八大行星按距离排序，同时了解标准化概念的重要性。

环节五：实践（30 分钟）

1．**教师活动**：本环节教师指导学生制作太阳系模型，向学生讲解等比例的概念，并引导学生用一截棉绳或一根短棍来代表一个天文单位 AU，并以此为基础进行制作。

2．**学生活动**：领取材料，小组讨论模型的制作思路及想法，根据八大行星在太阳系中的位置与排序，按比例完成太阳系模型的制作。

3．**设计意图**：引导学生通过动手制作太阳系模型，掌握本节课所学的天文知识与数学计算方法，培养科学思维与负责任的态度。

环节六：总结（10 分钟）

1．**教师活动**：组织学生进行分享和总结，并填写学习单。

知识拓展：科学家是如何推算出行星之间的距离数据

的？存在第十颗行星或行星 X 吗？

2．学生活动：分享总结，完成学习单，根据自身能力讨论交流知识拓展中的问题。

3．设计意图：采用杜威"做中学"的理念使学生将新知识融入既有知识体系，加强知识间的联系。课后，教师可提供拓展研究课题，以供学有余力的学生进行拓展学习。

九、课程延展

根据学生特点，教师可进行课程延展，增加实践活动，如设计并制作一份有关星球的海报。制作海报对学生的要求较高，适合有一定基础的学生和科技社团的学生。在项目实施环节，教师应鼓励学生自主查阅相关资料，从不同维度对星球知识进行思考。学生分组讨论和设计，将所学天文知识应用于海报制作过程中。

学习单

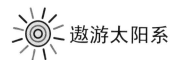 遨游太阳系

最大的行星是什么？

什么是陨石？

太阳系由几大行星组成？分别是什么？

AU 是什么？如何将千米转化为 AU？

距离太阳最近和最远的行星是什么？

什么是地月系？什么是太阳系？

你最喜欢哪颗行星？

作者分享

《遨游太阳系》创作说明

在《遨游太阳系》活动教案中，教师采用了"小切口、深挖掘"的教学策略，借鉴"小切口"的针对性原则，构建大的科学教育框架，找准"小切口"，设计出有针对性的教学内容和方法，以点带面，逐步拓展。

该教案基于项目式教学模式进行设计，重点在于发挥学生的主体性。教师采用情境导入的方法，创建真实的情境，指导学生进行探索。学生将以小组合作的方式发现问题、解决问题，最终完成项目。以多学科的知识体系作为支撑背景，运用技术和工程手段设计并制作符合实际应用场景的简化模型。随后围绕模型展开深入探究，阐释和解决相关问题。这一教学模式不仅有利于丰富教师的教学策略和优化学生的学习方式，还能有效提高学生学以致用的能力，进而提升学生的实践操作技能，培养创新思维。

《遨游太阳系》中以连续探究的方式，围绕以下几个问题展开教学：太阳系的结构是什么样的？八大行星各有什么特征？八大行星在宇宙空间中是如何排布的？如何测算八大行星之间的距离？通过对这些问题的深入探究，学生能够对太阳系的相关知识有更全面、深入的理解。

本节课的实践环节是制作太阳系模型。教师提出行星间的真实距离和相对位置等关键问题，引导学生进行实践操作和讨论探究。在这个项目中，学生将运用数学中的比例换算方法，模拟太阳系中各行星间的尺度关系，以小组合作的形式共同完成太阳系模型的制作。这个过程不仅锻炼了学生的动手实践能力，还加深了他们对天文学基础知识的理解，提升了他们对数学知识的实践应用能力，同时培养了团队协作精神。该课程的设计对教师提出了较高的要求，教师不仅需要负责设计并实施项目，指导学生完成项目，及时给予反馈，还需要解决项目实施过程中出现的各类问题。

最后，我们期望《遨游太阳系》能激发同学们的自主探究精神和学习热情，共同营造一个轻松愉快的学习氛围，让同学们在天文学的知识海洋里自由穿梭、遨游。

《遨游太阳系》点评

　　《遨游太阳系》是一份精心设计的课程教案，它以太阳系的八大行星为研究对象，巧妙地将科学与数学知识相结合，旨在培养学生的科学素养和创新意识。教案从人类的探索精神引入，激发学生对天文知识的好奇心和求知欲。

　　教案的学情分析准确地把握了小学中高年级学生的认知特点，通过讨论法、讲授法等多种教学方法，引导学生主动参与和深入思考。设计意图明确，通过构建太阳系模型的实践活动，让学生在动手操作中体验科学探索的过程，这样的教学设计既直观又富有创造性。

　　教学目标全面，涵盖科学知识、科学思维、探究实践和态度责任 4 个方面，有助于学生形成科学的世界观和方法论。重点与难点的设置合理，有助于教师在教学中把握关键点，确保学生能够理解和掌握核心知识。

教学过程清晰，环节设计巧妙，从导入到探究，再到阐释、测算和实践，逐步引导学生深入理解太阳系的结构和行星的特征，特别是通过拟人化的方法介绍和天文单位的换算练习，使得抽象的天文知识变得生动和易于理解。

总的来说，这份教案以其创新的教学理念、丰富的教学内容和多样的教学方法，为学生提供了全面、深入、有趣的学习体验，能够有效地培养学生的科学素养和创新能力。

火箭如何飞上天

作品选送：马丽丽　点评：白欣

对于低年龄段的学生，将火箭升空的原理以直观易懂的方式传授给他们，并激发他们的学习兴趣，既是设计这堂课的初衷，也是教师面临的教学挑战。本节课，马老师凭借多年从事科技教育研究的经验，以玩导入、以做促思、以比激创、以写成家，通过简单的动手实验活动解析了相关力学知识，成功实现了教学目标。

活动教案

火箭如何飞上天

一、课程概述

中国人自古以来就有飞天的梦想，于是便有了"可上九天揽月"的动人诗句，有了一个个关于"飞天"的美丽神话故事："嫦娥"奔月、"鹊桥"相连……纵观古今，世界上第一个尝试飞天的人是中国明朝的万户，他虽然失败了，但却为后世闯出了一条探索天空的道路。今天，在一代又一代航天人的不懈探索和努力下，人们逐渐实现了对更高更远太空的探索，逐步解开宇宙的奥秘，将飞天的梦想变为现实。

本课程通过气火箭升空现象，引导学生探究火箭如何飞上天。课程结合空气动力学方面的知识，通过生动有趣的互动游戏和实验探究等，将抽象的知识直观地呈现到学生面前，让学生在玩的过程中体会到学习科学知识的乐趣。

二、学情分析

瑞士心理学家让·皮亚杰提出了"玩中学、学中玩"的教育理念。从低年龄段学生的心理特点与认知发展来看，他们会在好奇心的驱使下，对常见的自然现象或生活现象表现出兴趣，乐于动手操作，教师应以学生兴趣为出发点，将"玩"和"学"有效结合，在寓教于乐中培养学生的综合素质。

三、设计意图

本课程围绕"火箭如何飞上天"这一问题展开活动，教师通过生动有趣的演示，引导学生参与到活动中来，以吸盘拔河赛、气球火箭、四掌相对推力比拼、火箭发射等多样化的互动游戏，构建沉浸式的学习情境，让学生亲身经历并感受理论与实践相结合的过程，在动手实践中体会乐趣，并在验证过程中收获知识。

四、教学目标

1. **科学知识**：了解大气压力、作用力和反作用力等力学知识，知道气火箭是利用气瓶存储空气，高压空气驱动火箭运动。

2．**科学思维**：在教师的指导下，通过科学观察、游戏、实验，形成发现问题、思考探究、解决问题的科学思维。

3．**探究实践**：能使用恰当的工具，完成气火箭模型制作，并进行火箭发射比赛。

4．**态度责任**：对航空航天知识产生初步的兴趣，在小组活动中乐于合作与交流，与同学共同解决问题。

五、重点与难点

1．**重点**：掌握火箭升空的原理。

2．**难点**：气火箭模型的制作与比赛。

六、方法与策略

依据课程目标，提取课程的重难点，在符合学生学段特点的基础上，采取讲授法、演示法、游戏化任务驱动法相结合的方式进行教学，最大限度地激发学生对太空探索的兴趣，调动学生主动学习的积极性。

七、教学准备

气火箭模型套装、吸盘 2 个、气球每人 1 个。

八、教学过程

教学环节	教学活动	设计意图
环节一： 以玩导入 （5 分钟）	【演示】我们今天的主角是谁呢？看看你们能不能猜到？这是一只气球，我把气球吹满气后用手把口封住。现在，松开手让气球向上飞。这就是今天的主角，你是不是已经猜到了呢？ 【提问】刚刚模拟的是什么？有人猜到了吗？ 【讲解】 关于火箭，你想了解什么呢？它究竟长什么样？它能飞多高？它的发射原理是什么？你能自己制作火箭吗	1. 通过生动有趣的演示表演，激发学生的好奇心，并让学生参与互动。 2. 在导入环节，基于学生的兴趣点引出本课主题，提出核心问题：火箭如何飞上天
环节二： 探究 以做促思 （30 分钟）	【探究活动一】吸盘拔河赛 请两名学生到台前，将两个吸盘紧紧吸在一起后，尝试向两边拉动吸盘，观察吸盘会不会被分开，并思考原因。 【探究活动二】气球火箭 让每名学生拿一个气球，并给气球吹足气。通过松手后气球会乱飞的现象，引发学生猜想：气球的移动方向有规律吗？设计情境，帮助学生验证猜想，引导学生发现：气球会朝着其头部的方向移动。	1. 让学生在实践中领悟知识，进行沉浸式学习。 2. 本节课涉及的知识点较为抽象，如何让学生理解是个难点，因此采取小组合作、游戏互动的方式进行教学。

续表

教学环节	教学活动	设计意图
环节二： 探究 以做促思 （30分钟）	思考： 1. 为什么吹足气的气球一松手就会飞走呢？ 2. 什么样的气球火箭能飞得更高更远？ 【探究活动三】四掌相对推力比拼 两名学生一组，双脚并拢，面对面站立（相距约40厘米），进行四掌相对的推力比拼，以对方移动双脚为胜利标志。（注：游戏过程中，不允许双方做其他接触，目的是尽量让对方失去平衡）	3. 三个探究活动环环相扣，让学生在探究中理解"大气压"概念、"反作用力"概念、牛顿第三定律
环节三： 创新 以比激创 （50分钟）	小组完成气火箭模型，进行火箭发射比赛。 完成模型制作后，需对火箭模型进行检查，并进行调试、试飞。 可在操场或者体育馆进行小组间比赛	通过富有趣味性的火箭发射比赛，培养学生的创新意识。
环节四： 分享 以写成家 （5分钟）	教师组织学生进行分享并总结： 1. 请把在探究实践中的心得体会记录下来。 2. 你还能搜集更多关于火箭的资料吗？请分享给你的伙伴吧	1. 让学生分享、讨论探究实验的收获，有助于其理解科学原理。 2. 通过迁移评价和正向激励，进一步激发学生主动学习和探索的热情

作者 分享

《火箭如何飞上天》
创作说明

　　关于火箭，孩子们总会好奇地提出许多问题，例如，为什么叫火箭？火箭的翅膀在哪里？火箭是怎样飞上天的？火箭的动力源自何处？对于年龄较小的学生而言，理解火箭升空的原理有一定难度，因此需要将这些复杂的知识以直观易懂的方式传授给他们，激发他们的学习兴趣。这不仅是设计这堂课的初衷，也是教师平时在上课过程中面临的一大挑战。

　　火箭之所以得名，是因为它依靠喷射火焰来升空。它能瞬间燃烧大量燃料，产生大量高温高压气体，当这些气体以极高的速度向后排放时，根据牛顿第三定律，会产生一个大小相等、方向相反的反作用力，从而使火箭获得向上的推力，帮助火箭升上天空。设想一下，如果将燃料产生的高温高压气体换成日常生活中的水或空气，它们是否也能使火箭升空呢？在本堂课，我们将选取生活中常见的气体介质，来探究气火箭的工作原理。

众所周知，飞机依靠机翼与气流的作用所产生的向上的升力，得以飞翔于蓝天之上。而火箭本身重量庞大，要让这样一个"庞然大物"冲破地心引力，飞向太空无疑是一项艰巨的任务。那么，火箭究竟是如何克服重力飞向太空的呢？本堂课正是基于学生对"火箭升空原理"的浓厚兴趣，设计了一系列富有趣味性的探究活动，包括吸盘拔河赛、气球火箭、四掌相对推力比拼、火箭发射比赛等。向低年龄段的学生讲解知识，将抽象的知识转化为直观、形象的内容极为重要，通过趣味性的游戏活动恰恰可以实现这一目标。

孔子提出的"知之者不如好之者，好之者不如乐之者"，强调了热爱学习的重要性；而现代教育理论学家也普遍认为，激发学生的学习兴趣是提高教学效果的关键。作为教师，我们不仅要从学生的兴趣出发，通过富有趣味性的问题，引发学生思考，还要在教学中设计丰富多彩的活动，激发学生的参与热情，提高教学实效，构建充满活力的生态课堂。

专家点评

《火箭如何飞上天》点评

《火箭如何飞上天》是一份精心设计的活动教案，旨在通过互动游戏和实验探究的方式，引导学生了解火箭升空的原理，激发他们对航空航天科学技术的兴趣。以气球这种常见事物导入课程，为学生创设了一个生动的学习情境。

教案的学情分析体现了对低年龄段学生心理特点的把控，通过"玩中学、学中玩"的方式，让学生在动手操作中自然吸收科学知识。课程的设计意图明确，通过多样化的互动游戏，使学生在实践中探索科学原理，有效增强了学习的趣味性和互动性。

教学目标设置全面，不仅包括科学知识的传授，还注重培养学生的科学思维和实践探究能力。重点与难点的明确，有助于教师在开展活动的过程中有的放矢，确保学生掌握关键知识点。

方法与策略的多样化，如讲授法、演示法、游戏化任务驱动法的结合，充分调动了学生的学习积极性，使教学过程更加生动。

教案中火箭发射比赛的设计，不仅让学生在动手制作中体会到科学的乐趣，还充分培养了学生的创新思维和团队合作精神。最后的分享环节，鼓励学生将所学知识进行内化和拓展，进一步巩固学习成果。

总体来说，这篇教案以其创新的教学设计、丰富的互动环节和明确的教学目标，为学生提供了既有趣又富有教育意义的学习体验，是一份高质量的科普教学资源。

嫦娥六号的高温生存挑战

作品选送：李辰 朱镕宽 点评：周洪直

　　2024 年嫦娥六号在月背完成采样工作，鲜为人知的是，它竟然需要在一百多度的高温环境下工作！它是如何克服这种高温挑战，顺利完成任务的呢？接下来就请它的研制人员为您解答。

嫦娥六号的高温生存挑战

2018 年，嫦娥四号实现了人类首次在月球背面的着陆巡视，2020 年，嫦娥五号为中国带回了第一捧月球上的土壤。如果把它们结合到一起，会是什么呢？这就是我们即将发射的嫦娥六号——人类历史上第一个去月球背面采土的航天器。

来，大家猜一猜，嫦娥六号落月之后，月表的温度有多高？100 多度！这时它还要在烈日下挖土，会不会越来越热呀？当然会。小小的嫦娥六号有足够的散热面积吗？不太够。这时就轮到我们自主研发的散热神器——水升华器登场了。

水升华器是怎样把嫦娥六号的热量带走的呢？人在炎炎夏日吹风扇，身上的汗水蒸发了，自己也就觉得凉快了。虽然月球表面没有空气，形成不了风，但是水在真空下蒸发、结冰后升华都会带走大量的热。

为了方便理解，我们可以把水升华器简化为四个部分，分别是多孔板、储水箱、水管和控制阀门。当嫦娥六号的温度过高时，水升华器就收到开始工作的信号了。它会控制阀门，并将其打开，存储在储水箱中的水就会通过水管流入多孔板。多孔板的一侧暴露在月球真空环境下，靠近这一侧的水会马上蒸发。蒸发需要大量吸热，就把板中靠近嫦娥六号的水冻成了冰。真空环境中压力极小，冰中固态的水分子没有了束缚，很容易"跑"出来变为活跃的气态水，这就是升华。升华会吸收更多的热量，嫦娥六号的温度也就降下来了。您可不要小看这普普通通的水，5公斤的水带走的热量就能让嫦娥六号在炎炎烈日下多工作20个小时。

听起来，升华散热的原理并不复杂，但要保证水的供应量和消耗量之间的平衡不是一件容易的事儿。一次给水太多，来不及结冰的水就会喷出多孔板；给水太少，水凝结不出足够的冰，热量就散不出去。说起来这仿佛是一个阀门能解决的问题，其实这是一种简化的描述方法，详细来说，还要包括测温、储存、自动控制等一系列系统。套用一句我们团队的神秘用语，那就是"过于先进不便展示"。

设计师作为质量的第一责任人，需要考虑一切可能性。嫦娥五号的总设计师杨孟飞院士最常问"为什么"，谁能经得住他的七个"为什么"，就证明谁对技术、产品和过程完全吃透了。"中国航天人绝不带问题上天"，一次次否决与争论打磨出安全、高质量的方案，在挑战中创新，在重压下跨越，无数个日夜与心血浇灌出探空揽月的阶梯。未来我将继续坚定探索的脚步，用青春书写逐梦星辰的时代答卷！

作者分享

科普讲解

科技工作者如何做好

我是李辰，近年来参与并协助主办单位完成科普讲解大赛的一些工作。这次，我来分享我和朱镕宽共同参加这次比赛的一些心得。朱镕宽作为一名优秀的科技工作者，他常说，做好科研的同时，也要做好科普工作，这是他的责任和使命。

在航空航天领域，科普的素材非常多，刚开始我们找的都是类似于中国空间站这种比较"大"的选题，经过学习和思考后，发现并不合适。朱镕宽的日常工作是热控系统的设计，经与专家进行沟通，我们最终选定了他熟悉的领域，讲解为航天器降温的"水升华器"的工作原理。热控系统本身很复杂，用 4 分钟的时间向观众讲清楚难度相当大，我们结合日常生活场景，把复杂的技术原理和工程问题化繁为简，取得了很好的效果。在这篇稿件的准备过程中，我们具体是这样策划的。

首先，开门见山，直接点出嫦娥六号——这一人类历史上第一个在月球背面采土的航天器，引发观众对嫦娥六号的兴趣。接着，提出三个关于温度的问题，让观众聚焦嫦娥六号的散热问题，引出散热神器——水升华器。

水升华器在日常生活中并不常见，而水升华器的散热方式又是一个相对复杂的工程问题。所以，在准备讲解稿的过程中，我们着重思考如何把复杂的工程问题准确、生动、通俗地讲出来。于是，我们从大家相对熟悉的场景出发，通过"夏日吹风扇"的例子，帮助观众对水升华器建立基本的感性认识，让大家有一个初步的了解。接下来我们从初中物理知识"升华"的概念入手，介绍水升华器的工作原理。对这部分内容，我们反复打磨，目的就是用科普的逻辑，场景化的表达，以观众易于理解的语言完成对水升华器工作原理的介绍。

从科研人员的角度来说，希望讲出"散热神器"背后科研团队攻克了怎样的难关。所以，讲解稿件特别强调了水升华器研制的难点之一——高温环境下保证供水量和水消耗量之间的平衡问题，以此展现科技工作者集智攻关的精神。

在讲解稿件的最后，我们想要讲述这些"黑科技"诞生的历程。这也是我们认为科普工作在普及科学知识之外的另一个作用——传播科学精神，目的是用科学精神激励并引领一代又一代的航空航天科研人员走出地球，走向深空，探索更加辽阔而深远的宇宙。

无论是在市赛还是国赛的舞台上，一方面要有好的选题和科普内容，另一方面也要突出选手的个性化。在朱镕宽参加国赛前的近 5 个月里，我们为其组建团队，进行了充分的准备。不仅将讲解稿件与讲解员自身特质进行反复磨合，还在自我介绍环节设计了亮点，同时对讲解员本身进行了舞台训练。其中有个关键细节，与大家分享，就是上场之前的 20 秒。多年的办赛经验告诉我们，这 20 秒决定了讲解者能否在讲解前就抓住观众的"眼球"。大部分选手的自我介绍都比较传统，没有新意，不吸引人。这次参赛，我们在传统介绍的基础上进行了美化，再配以航天器着陆月球的相关动画素材，既体现出了视频的品质，又突出了选手的职业特点与专业性，最重要的是，为接下来的讲解内容做了铺垫，以便在有限的讲解时间里更快地进入主题。

最后，祝贺《嫦娥六号的高温生存挑战》获得 2023 年北京市科普讲解大赛一等奖、第十届全国科普讲解大赛一等奖的好成绩。

《嫦娥六号的高温生存挑战》点评

我们知道，科普是一种针对广大民众的知识传播，一定要让民众"够得着，看得清"。嫦娥五号、嫦娥六号是近年来社会的热门话题之一，航天领域的高端登月技术，无疑涵盖当今前沿科技中最先进的知识体系，其中任何一点都可以用来进行科学传播。看似非常普通的散热问题，不仅符合科普稿件"小切口"的原则，还能满足民众对于登月高科技的好奇心。

嫦娥六号的散热方式，既是讲解的亮点也是重点。讲解员在讲解过程中，直接阐述了升华的概念，并举了实例，使民众更容易理解。还结合地球环境和月地环境的不同，描述了水升华产生的影响。尽管不同环境下升华现象有所区别，但还是将其散热的基本作用讲清楚了。

讲解员落落大方的形象，给受众留下了很好的印象。相信他传播的内容也会在一定程度上对民众，特别是青少年爱好者产生影响。航空航天领域的知识面极其广泛，我们应该引导青少年，从常识入手，从基础开始，逐步丰富自己的知识，为更高一阶的知识储备打下基础。

需要说明的是，讲解稿件中对"升华"的原理介绍不够全面，导致核心内容说明部分有些缺乏说服力。比如低温升华的形成条件在这里就是模糊的。这给我们一个提示：作为讲解员，一定要具备扎实的基础知识储备和清楚的叙述思路，才会给受众带来精彩的展示和讲解。

传播者

传播者是指在社会传播过程中，负责传递信息、发表观点、引导舆论的个人或组织。在传播学中，拉斯韦尔的5W模式中的"谁"就是指传播者。最初，信息传播主要由官方或专业媒体机构控制，传播者身份固定且权威。随着互联网和社交媒体的兴起，传播者的概念已经扩展到个体层面，人人都拥有"麦克风"。这种去中心化的传播模式赋予了个体更大的话语权，一个网民发布的内容，如果足够有影响力，也可能引发广泛的讨论和转发，这在传统媒体时代是难以想象的，但同时给人们带来了信息真实性和可靠性的挑战，要注意识别谣言和虚假信息。

作品选送：高芫赫　李辰

点评：周洪直

着陆火星　中国智造

　　天问一号任务的圆满完成，使得中国成为全球首个在一次探火（探索火星）任务中实现环绕、着陆、巡视三大目标的国家。航天器着陆火星这项技术难度极高，因此火星也被称为"航天器坟场"，而着陆过程被称为"恐怖9分钟"。其中原因何在？我们一起跟随高芫赫一步步揭开其背后的艰难挑战，以及中国科学家在应对这些挑战时展现出的非凡智慧。

讲解稿件

着陆火星 中国智造

2021 年 8 月，天问一号任务圆满成功，使中国成为全球首个在一次探火（探索火星）任务中实现环绕、着陆、巡视三大目标的国家。因为航天器着陆火星这项技术太难攻克了，探火任务大部分都败在这个环节，因此火星也被称为"航天器坟场"，而着陆过程被称为"恐怖 9 分钟"。为什么说它恐怖呢，请听我慢慢道来。

第一个，恐怖来源于着陆过程的复杂。天问一号，从距离火星 125 千米的高空，以 20000km/h 的速度开始，依次经历气动减速段、降落伞减速段、动力减速段和着陆缓冲段，才能完成着陆，四个步骤环环相扣，任何环节出错都会导致前功尽弃。

第二个，恐怖来源于距离。由于火星离地球非常远，我们给天问一号每发一条指令，天问一号都要等待 20 分钟才能收到，而着陆只有短短的 9 分钟。所以，天问一号必须全自动地完成这个动作，甚至还要解决可能遇到的各种突发情况。

关于着陆，我们可以举个例子来对比一下：在地球上，自动驾驶的汽车做到瞬间刹车都不是一件易事，可在火星上，我们仅用 9 分钟就实现了将天问一号的速度从 20000km/h 降到 0 的制动，其难度可以说是不言而喻。把这一切变为现实的就是我们中国航天人的智慧！今天我着重给大家介绍其中的一项中国智造——天问一号的降落伞。

降落伞的使命是用 3 分钟将天问一号的速度从 460m/s 的超音速降到 95m/s。大家回想一下，在狂风大作的下雨天，打开雨伞，我们是不是会在一瞬间被吹得左右摇晃呢？同样的道理，在超音速下，传统的降落伞也会让天问一号晃得厉害，无法着陆。为此，我们在传统的圆盘降落伞底部开了一圈天窗，并且把外圈的伞带设计成锯齿形，这就是独特的锯齿形盘缝带降落伞。锯齿形伞带可以减弱超音速下的颤抖，中间的天窗可以让气体流畅通过，增加天问一号的稳定性。这样天问一号着陆时就又快又稳了。

除了外形，我们还采用了棉丝绸加芳纶的特殊材料制作降落伞，这种材料特别坚韧，不会被高速的风撕裂。庆祝中国共产党成立 100 周年大会上，飞机下方悬挂的国旗就是用这种材料制成的。

不光是降落伞，在天问一号上，我们还实现了 99% 的单机自主研发，让全世界看到了中国智造的实力。未来我们还将通过天问系列探测器，完成火星取样返回、木星系环绕、行星际穿越等航天重大工程，实现技术上的新突破、科学上的新发现，为人类和平利用太空，推动构建人类命运共同体贡献更多的中国智慧、中国方案、中国力量！

作者分享

如何在科普讲解大赛中脱颖而出

《着陆火星 中国智造》在 2021 年北京市科普讲解大赛中获得一等奖，在第八届全国科普讲解大赛中获得三等奖。

全国科普讲解大赛（以下简称"国赛"）由科技部主办，是目前全国范围最大、水平最高、代表性最强、最具权威性的科普讲解比赛，截至 2023 年，已举办十届。国赛旨在全社会广泛普及科学知识，展示科技成就，倡导科学方法，传播科学思想，弘扬科学精神。

2021 年起，我开始负责北京市科普讲解大赛（以下简称"市赛"）的组织、选拔及培训工作。参加国赛的选手都是经各省、自治区、国家部委等选拔出来的，每位选手在各自的系统内都是非常优秀的。拿北京市范围内的选拔举例，从 2021 年起，参与市赛的选手逐年增多，2021

年有 70 余名，2023 年增至 130 名。参赛选手来自各行各业，有科普场馆讲解员、科研工作者、医护工作者等。与此同时，选手们讲解的内容也越来越丰富，涵盖医疗健康、航空航天、智能制造等。根据国赛相关要求，北京市每年有 6 个推送名额。可想而知，从百余名选手中选拔出 6 人，竞争相当激烈。而通过了北京市的选拔，站到国赛的舞台上，选手们之间真正的竞争其实才刚刚开始。如何在"科普战场"上"卷"出成绩，是我近几年经常思考的问题。

要想在这个舞台上脱颖而出，需具备"导演思维"。因为讲解有别于教学、作报告、演讲。专注于科普内容固然重要，但好的内容更需要配上好表达。适当地运用一些技巧和工具，如恰到好处的背景音乐、精美但不喧宾夺主的演示文稿、能够辅助讲解的演示道具等，都可以调动现场观众的情绪，让大家喜欢看，愿意听。

科普讲解的核心是内容，表达方式和呈现手段则是实现科普效果的关键。只有将这些元素完美融合，讲解员才能在"科普战场"上赢得观众的喜爱和行业的认可，取得理想的成绩。

《着陆火星　中国智造》点评

　　火星一直是青少年热衷探讨的话题，长期以来吸引了无数青少年。他们对探火展现了浓厚的兴趣，一些青少年的火星知识水平甚至超过了许多成年人。因此，科普工作者在进行火星相关知识的科普传播时，需要格外认真和专注，以激发下一代对太空探索的热情。

　　讲解员选择的火星探测器天问一号着陆这一主题的知识点较多且覆盖面较广泛，对讲解员来说是个考验。讲解员在这篇讲解稿件中概述了超音速对航天器的影响、降落伞的结构、远程控制的制约、探测器的自主操作等多方面的知识，有效地阐释了实现火星着陆所需的相关科学知识。

　　讲解员在展现登陆技术时，巧妙地选择了降落伞这一重要装备，以此作为登陆过程中面临的多重挑战和解决方案的绝佳示例。通过剖析降落伞的边缘构造、特殊的透孔等设计特点，阐明了为什么降落伞能成为应对火星严苛环境的关键工具。以降落伞为切入点，通过将抽象概念具体化，达到了科学传播的精准性与创新性，这样的讲解在大赛中获得了评委的高度评价。这种结合实际案例、层次分明的讲解方式，不仅在知识传递的有效性上得到了验证，也有助于激发青少年探索宇宙的兴趣和欲望。

此外，讲解员清楚地阐释了远程通信与遥控操作的原理，着重指出了信号传输延迟 20 分钟与着陆器需在 9 分钟内完成自主着陆这一紧迫时间窗口的紧密关联。这部分讲解扼要且清晰，突出了着陆器自主着陆的重要性和高难度。同时，讲解员将这一挑战与世界公认的难题类比，体现了中国航天的杰出成就，激发了观众的民族自豪感。

在短暂的比赛时间内，能够紧紧抓住核心知识点并层层递进地讲解，讲解员无疑是出色的。但是有一点需要提醒，讲解为什么降落伞要特别注意防风时只是一带而过，没有充分说明火星表面环境的独特性及其对降落伞设计的具体影响，这样的处理略显仓促，导致解释不够全面。为了增强论述的严谨性，应予以补充，给观众呈现一个更加清晰、完整的知识框架。

超级黄瓜

编创团队：王蕊　史冬青　马丽丽等

　　在一群被精心挑选的太空黄瓜种子中，"歪歪"显得又瘦又小，歪歪扭扭。当"歪歪"与其他种子共同完成太空中的一项重大使命时，它是否能摇身一变，成为众人瞩目的超级明星呢？让我们从剧中揭晓答案吧！

科普剧本

超级黄瓜

角色介绍

歪歪：善良、胆小、其貌不扬的太空黄瓜种子。

娇娇：漂亮、刻薄且辣味十足的太空辣椒。

彤彤：可爱、快乐但迷迷糊糊的太空番茄。

其他太空黄瓜种子：

小柔：温柔

老艾：博学

大力：勇敢

第一幕　来到太空

【周围一片漆黑，黄瓜种子们慢慢睁开眼睛，随之感受到剧烈震动、加速度、气动噪声……这一切太过恐怖和刺激。经过漫长的等待，忽然，这种感觉消失了】

歪歪（弱弱地问道）：是进入太空了吗？

小柔：歪歪，你没事吧？

歪歪：我没事，不过，我怎么流眼泪了？

大力：胆小鬼，有什么怕的！我来保护你。

老艾：歪歪，别理他，这不是胆小，应该是由失重引起的生理反应。

小柔：我似乎有了漂浮的感觉。

大力：哈哈，之前天天想减肥，上了太空，体重也轻了，被动减肥成功，耶！

小柔（看向歪歪）：真的吗？这也太奇妙了。

歪歪（狐疑）：可是，看上去没什么变化，摸上去，确实轻了许多。

【此时，由于失重，种子们开心地玩了起来，不亦乐乎】

老艾（叹道）：哎，我说你们能不能成熟点儿！

歪歪：老艾，真的很好玩，一起玩吧！

老艾：哎，我说你们忘了能进入太空有多不容易了。

小柔：是啊，如果不是借助人类的科技进入太空，真是无法想象我们该怎么来到这里。

老艾：哎，我是说，我们一定要珍惜这次太空之行，认真完成任务。

歪歪：对，不能让人类对我们失望。

大力（看着歪歪）：嗯，失望应该是难免的。

小柔：你不许这么说歪歪。

大力：我这是实事求是。

【小柔和大力吵了起来，歪歪难过地躲到了一旁】

老艾：哎，我说你们不要吵了，大家都在安静地休息，我们的任务是完成变异。

小柔：变异是什么，会很恐怖吗？

大力（神秘地说）：变异，那是非常神奇。只有通过变异才能变成超级种子……

小柔：真希望我们都可以变异成功，那该有多好啊！

大力：想美事儿呢！

老艾：哎，我说怎么又吵起来了？小柔，别理它，人类希望我们变异，是为了让我们变得又大又健康。不过，并非所有进入太空的种子都是幸运的，只有很少一部分种子才能变异成功。

小柔（看着歪歪柔声说道）：我相信，我们一定是最幸运的种子，一定可以。

歪歪：可是，要怎样做……

这时，外面传来宇航员欢快的说话声：

快看，这批种子看上去棒极了，期待它们能变异成功。

加油啊，小种子们！不要辜负科学家们的期望。

是啊，太空中的宇宙辐射、太空微重力及弱地磁场等，都能让你们拥有超级能量。加油，为你们骄傲！

【听到宇航员亲切的声音，种子们开心极了，浑身充满了力量】

大力：快看，我是不是已经变异啦？感觉浑身有使不完的力气。

歪歪：真羡慕你，我怎么什么都感觉不到。我觉得自己更小了，更轻了。

大力：说实话，歪歪，你真是……怎么说呢，我都不知道是谁把你挑选上的。怎么看都奇奇怪怪，对，发育不全。

歪歪：我知道，我不如老艾那么聪明、不如小柔那么漂亮、不如你那么强壮。但是，我很开心可以和你们一起飞到太空……

大力：行了，行了，也别太难过，虽然你看上去……确实是个意外。不像我，聪明伶俐、身强体壮。不过，我们一定可以出色地完成这次太空任务！

小柔：你别显摆啦！晃得我头都晕了。歪歪，别理它！大力，你就会欺负歪歪，我不理你啦！

老艾：哎，我说你们别吵了，急什么！告诉你们，回到地球，等我们长大，才能知道是否变异成功。

大力：可是，我明明感觉到了……

【忽然，强烈的阳光照射进来，小种子们纷纷仰起头，期待自己产生奇妙的变化】

大力：歪歪，你在干吗？

歪歪：宇航员说变异的概率是很低的，你站到我这里，我站到角落里，你变异的概率就提高了。和你们在一起，我已经很幸福了。

大力：歪歪，我相信，我们一定可以创造奇迹，这次的太空之行，我们一定要给科学家们一个惊喜。你过来，到我这里。

老艾：哎，我是说，到我这里。

种子们：到我这里。

【大家纷纷腾出位置，留出更大的空间给歪歪，让它可以接收更多的能量，大家相信，歪歪一定可以做到】

第二幕　超级明星

【航天科技成果巡回展现场，大学生志愿者们正在忙碌着。太空育种科技成果展示区有：科普展板、明星种子展示柜……舞台上，不断传来学生们骄傲、开心的声音】

甲：这是什么？这么神秘。

乙：这里面可有这次展览的大明星。

甲：大明星？我看看，哇噢，这太惊喜了，太棒了！

丙：别磨蹭了，咱们还有其他工作。

甲：哎哎，别拽我，我还想再看一看，哎哎，你们别走啊……

【此时，舞台上静悄悄的，一片黑暗】

歪歪：都睡了吗，这就是科普展厅吗？

彤彤：嗯，好像是的，这里真大啊。你是谁？

歪歪：我是黄瓜歪歪，你是谁？红彤彤的，真漂亮。

彤彤：我是番茄彤彤。你是歪歪？为什么叫这个名字？你看上去很强壮也很健康。

歪歪（不好意思）：当我还是一颗小种子的时候，不如其他种子漂亮，还歪歪扭扭的，所以……

娇娇（大笑）：所以，叫你歪歪。不过，你能长成这样，实属奇迹。（看向彤彤）你是在哪个航空器完成航天任务的？

彤彤（羞道）：进入太空的过程太惊险了，我都忘记了。

歪歪：我记得有一位很漂亮的航天员姐姐……

娇娇：真不知道你们是怎么进化的，是怎么被选为今天的超级明星的。算了算了，说说太空中发生的有趣的事情吧。

彤彤：我只记得一声巨响，当时吓坏了，身体都不受控制……

歪歪：我也是，很紧张。多亏我的朋友们，鼓励我，帮助我，没想到，我真的变异成功了！

娇娇（不屑）：你们真是没见过世面！

【歪歪悻悻地站到一旁】

娇娇：我跟你们说，我，还有你们，就是这次的超级明星，我们要向来这里的人们，尤其是小朋友们展示航天科技的力量。听到了吗？

歪歪：嗯，好的，展示航天科技的力量。

娇娇：长那么高做什么，你多大了，该打籽了吧。

彤彤：什么意思呀！

歪歪：我还很年轻，不是老黄瓜。

娇娇：好吧，不要影响我展示。接下来大家都说一说你们变异后的优点吧。

彤彤：优点，是什么？

娇娇：打个比方吧，我是辣椒，是人类餐桌上的必备佳肴，色彩艳丽，营养美味。经过航天育种后，我无论是产量还是辣味强度、抗病性等方面，都有了明显的改善和提升。所以，你俩怎么和我比！

歪歪：可是，我觉得还是彤彤更加受人喜欢。听王教授说，航天番茄在综合产出上远胜传统品种，而且只要满足基本生长条件，植株可无限生长。

彤彤：其实不仅如此，别看我在你们面前"微不足道"，但是我现在足足有18克，普通小番茄只有13克左右。经过航天育种，我的味道变得更加酸甜浓郁，甜度最高能达到12%，约比普通小番茄高出一倍，还有就是我的热量更低。

娇娇：瞧你俩没见过世面的样子，目前为止，我们辣椒在航天育种的参试品种中，都已经进行了辣味强度的分级划分了。你们谁行，你们谁行。（得意）怎么样，震惊吧。这就是细节。当然，什么增产、增值自然不在话下。小迷糊还有你这根大黄瓜，还有什么问题要问？

歪歪：我不想比什么，我从一颗小小的，不漂亮的黄瓜种子，能够进入太空而且成功变异，如今成为科技成果的展示明星，这简直是不敢想象的事情。

【彤彤看了一眼娇娇，欲言又止】

歪歪：记得进入太空后，微重力、辐射还有许多不知道也看不到的物质，让我的身体遭受了损伤，但也发生了奇妙的变化，这可能就是人们说的变异吧。我很害怕，我想悄悄地躲起来，也想过逃避，不想面对。但是，小柔、大力还有老艾它们鼓励我，我们手牵手，珍惜这来之不易的一切。

【此时的歪歪，眼里闪着光，感染了大家】

彤彤：歪歪，你说得真好，我也是这样进行的变异，但是我身边的朋友，却没有我这么幸运，它们并没有变异成功。

娇娇：我，我想和你们说一声抱歉。刚才是我太不礼貌了。

歪歪：你们知道吗，为了成为更好的自己，激发内在的能力，我们在无数次被射线击中后，身体里的细胞为了生存下来，会开启紧急自救模式。

彤彤：紧急自救？

歪歪：对，老艾告诉我，它就像你身体里的一个微型急救团队。DNA 一旦受到损伤，细胞就会马上试图修复它。

彤彤：修好了，就完成变异了吗？

娇娇：当然不行，如果修复你的这个急救团队恰好用了一个叫作"非同源末端连接"的办法，也就是在没有模板的情况下将断裂的 DNA 两端直接连接起来，造成 DNA 序列发生变化，才有可能完成我们期待的变异。比如，我经过变异，皮更薄、肉更厚，经检测发现富含的微量元素也更多了。如今的我已经成为行业新宠。人们叫我"娇娇"主要是因为我比较"娇贵"，普通辣椒的培育期只有三个月左右，而我需要 200 多天。

歪歪：如此说来，娇娇你确实是我们的明星。我这个大黄瓜和你们比起来，确实也只是更大一点，我的体重足有 3 斤 6 两，身高有 52 厘米。和普通黄瓜相比，维生素 C 含量提高了 30%，铁含量提高了 40%。我想，随着人类科技的进步，将会有越来越多的奇迹发生！

娇娇：歪歪，我再也不说你是老黄瓜刷绿漆了，你是我们的太空明星。

歪歪：彤彤，你最漂亮，颜值第一，你来做明星。

彤彤：我迷迷糊糊的，娇娇，你才是当之无愧的明星。

歪歪：哎，我们其实没必要争来争去，这个位置应该属于培育我们的科学家。

娇娇：说得好，还有送我们上太空的科学家。

彤彤：还有陪伴我们的航天员。

…………

【忽然，灯光亮了起来。"欢迎走进太空育种科技成果

展示区"的声音响起】

彤彤（涨起红通通的小脸）：快站好，我好紧张……

丙：大家赶紧检查一下，小朋友们马上就要进场了。

乙：昨天我明明摆好了，谁又调整了位置？

丙：别啰唆了，马上调整好。

【画外音：20世纪80年代以来，中国已成功实施30多次利用返回式卫星及神舟飞船将植物种子送入太空的航天育种项目。航天育种标志着人类利用太空独特环境进行遗传改良的创新实践，是将太空环境的特有影响融入地球生命进化历程的一次革命性尝试。该过程实质上是将太空环境下的生物与环境相互作用产生的信息固定到新的生命中，从而为地球生命的进化与人类遗传育种实践的协同发展掀开了崭新的一页】

小朋友们走了进来……

【结束】

作者分享

《超级黄瓜》创作大纲

一、故事背景

科普剧作为科学传播的一种独特形式，不仅能够传播科学知识，还能以其轻松活泼的特点吸引青少年，使他们乐于走进科学、学习科学、热爱科学。

近年来，中国航天事业在取得一系列重大成就的过程中，也积淀了深厚的航天精神。通过科普剧的形式让更多人，特别是青少年，了解航天知识，感悟航天精神，激发他们探索太空的兴趣，是编剧团队创作本剧的初衷。

二、故事梗概

歪歪是一颗太空黄瓜种子，在这批被精选的太空黄瓜种子中，显得又瘦又小，歪歪扭扭。在太空中的宇宙辐

射、太空微重力及弱地磁场等一系列特殊条件下，一部
分种子发生了神奇的变化，歪歪也成功变异，成了超级
明星。

地球上的人们对于种子的太空探索之旅，怀揣着浓厚
的好奇心与无尽的想象。这些经历过太空旅行的种子们被
邀请参加"航天科技成果巡回展"，在这个巡回展中，歪
歪结识了众多同类的蔬菜朋友。然而，并非每个参与展示
的蔬菜都展现出友好的态度……

三、创作特点

受众明确，能够吸引青少年观众。故事以植物的视角
和拟人的手法，让每一颗种子与太空蔬菜都变成了栩栩如
生的舞台角色。每名角色都有鲜明的性格特点，或是善
良，或是可爱，或是泼辣。角色间的对话诙谐幽默，符合
青少年的语言习惯，拉近了该剧与青少年观众的距离。科
学知识点阐述明确、贴近生活，能够抓住青少年的眼球。

逻辑清晰，故事线流畅。整个故事巧妙地划分为两
幕，第一幕展现了种子们面对未知的忐忑与期待，而第二
幕则描绘了种子们的成长和感悟。在这一过程中，角色的
语言风格也随之发生微妙的变化，这不仅体现了角色内心
认知的逐步提升，也象征着随着剧情深入，青少年观众思

想的变化。

适用范围广，利于非专业团体演出。剧本是为舞台服务的，编剧团队在创作剧本时充分考虑到了应用场景，特别针对科技馆及学校的环境特点进行了剧情构造与对白设计，确保许多非专业演员也能很好地驾驭剧本和诠释角色。剧中所要求的舞美、服装、化妆和道具等都相对简单，大大降低了参与科普剧演出的非专业团体的门槛，鼓励更多人积极尝试，进而促进了科普剧的传播。

四、科学知识

剧中的知识点让观众对我国航天育种有了一个全面的了解。一是通过幽默的对话阐述航天育种的变异原理，解析了在宇宙空间中，高能空间重离子对种子DNA的影响，以及导致种子DNA发生突变的具体机理。二是发生在角色身上的变化，展现出航天育种后各类蔬菜的变异成果。三是通过舞台美术的展示，穿插介绍中国航天育种的发展历程。

浅谈科普剧的创作

《超级黄瓜》这部科普剧是我与王蕊、马丽丽等老师共同完成的，这是我首次与年轻一代的教师跨界合作，创作过程极其精彩，并收获颇丰。我很乐意与大家一同分享并推荐这部科普作品。

科普剧可以定义为科普舞台剧或科学教育戏剧，其本质蕴含戏剧性、科学性和教育性三大核心属性。戏剧性意味着要注重情节和角色的设计，科学性则指内容严谨准确，而教育性则是要达到提升科学素养的目的，同时激发观众对科学的兴趣。因此，在创作科普剧本时，我们需要具备明确的边界意识，既要保持科学内容的准确性，又要兼顾艺术表现力与教育启发作用，以此打造出既有娱乐观赏价值，又能有效传递科学知识的科普作品。为了确保剧本创作的科学性和严谨性，将航天育种领域的专业研究成果融入科普剧本，王蕊悉心研读了《航天育种蓝皮书：中国航天育种发展报告（1987～2021）》的全部内容，体现了她实事求是的科学精神和一丝不苟的科学态度。

创作一部优秀的科普剧本，确定选题是非常关键的一步。很多科普从业者容易忽视这一点，在一定程度上讲，选题决定创作的成败，《超级黄瓜》这部作品是选题成功的案例之一。近年来，中国航天事业取得了辉煌成就，包括航天技术成果转化。中国航天育种无论是在试验品种的多样性和覆盖面上，还是在空间诱变机理的深入探究等方面，均已跻身世界前列。《超级黄瓜》的主题紧贴时代发展脉搏且富含科学启示，既能引发大众的情感共鸣，又能引领他们进入奇妙的科学世界。

就如何做好选题，我归纳了以下几点：一是确定目标受众，确保你选的题材适合你的目标受众。二是选择自己熟悉的领域，将更容易挖掘选题和发挥创造力，产生更多的想法和灵感。三是关注社会热点，一个社会热点问题或有争议性的题材，更容易引发大众的情感共鸣。选好题材之后，就是通过剧本创作技巧将故事编织得有角色、有情节、有冲突、有张力。

总之，创作一部优秀的科普剧本，需将创作目标、受众群体、社会背景和市场需求等因素进行充分考虑。

需巧妙融合精准的选题策略、坚实的科学思维底蕴、生动的艺术表现力和明确的教育目标，形成一套完整且协调的教学体系，使科普剧本成为连接科学殿堂与民众认知的金桥。

第二章

奇妙的植物

你认识罗勒吗

作品选送：龚玉红

点评：王振祥

你认识罗勒吗？你是否仔细观察过罗勒？了解罗勒的关键不仅仅在于观察，更重要的是将观察与深入思考紧密结合。

学会透过现象看到事物的本质，找到自然规律，掌握逻辑判断和推理的方法，在观察中思考，在思考中观察。这是深度学习的方法。通过阅读本节内容，希望每位读者都能有新的体会和感悟。

活动教案

你认识罗勒吗

一、课程概述

项目式教学是一种以学生为中心的教学方法，通过创设一个真实的学习情境，让学生对复杂的现实问题主动进行探索和思考，使学生掌握学科知识的同时，培养多种软技能。在"罗勒的生长发育过程及精油的提取"这一项目中，学生进行自主选题，自主撰写研究计划，自主分工，每位同学都积极参与种植、观察、记录、提取精油等环节。在这个项目中，教师是一个协助者、引导者，根据学生的项目主题、学生的表现，不断调整自己的教学计划和项目的进程，帮助学生顺利完成项目任务。

"罗勒的生长发育过程及精油的提取"项目的研究，不仅可以帮助学生认识罗勒的形态结构，了解罗勒的整个生长过程，了解它的生长习性、管理方法；还可以提高学生的科学探究能力，引导学生树立正确的社会责任感。此外，可引导学生在社区、街道、农村等进行宣传，推广罗勒的种植和使用方法，让它发挥更大的价值。希望在不久的将来，罗勒能够在农业、工业、食品业等方面有更大的发展空间。

在项目式教学的开展过程中，学生对于植物形态结构的观察和描述存在很多问题，主要表现在观察过程太随意，没有顺序，观察不完整、不全面、不细致、抓不住重点等，导致描述不生动、不具体，对一些生物术语表达得含糊不清。如何科学有效地培养学生的观察能力，并助其进行科学、客观地描述，进而提升他们的观察能力、表达能力呢？本教案在"观察和描述"环节作了一些梳理和总结。

二、教学过程

罗勒是一年生草本植物，也是一种有芳香味的植物，具有食用价值、药用价值、美容价值，有提神醒脑的功效，用罗勒提取的精油更是价格昂贵，具有很好的经济效益。通过查阅资料，发现罗勒在全国各地的种植面积并不大，应用也不够广泛，大多是居民在花盆里零星种植。通过对学生的访谈，发现学生对于罗勒这种植物也知之甚少。

环节一：导入，创设情境

1．提问互动

师：同学们，我们这个课题已经开始了，开题报告、研究计划已经做好了，而且已经按照研究计划逐一进行了，现在，你们觉得进行得顺利吗？有没有遇到什么困难？如果有，解决了吗？

生1：整体来说还是比较顺利的。

生2：遇到的困难是不知道怎么写观察记录，在对植物进行文字描述时不知道如何用词更确切。

师：好的。我们来看一下如何描述。（拿出罗勒种子及幼苗）同学们，请观察，这是罗勒的种子和幼苗，尝试用语言来描述它们的形态结构。

生1：种子是黑色的，是一个小点。

生2：幼苗很矮，是绿色的，有两片叶子。

2．分析说明

在这一环节，教师为本节课创设情境，引导学生观察实物，鼓励学生用语言进行描述，同时关注学生的观察状态，发现学生在观察和描述生物方面存在的问题，如缺乏科学性，只是用眼睛看，随意、盲目，没有顺序、不全面且不具体。所以无法确切地对一种具体的观察对象进行描述，使用的语言很简单，也比较苍白无力，不能做到抓住植物的主要特点进行科学描述。作为教师，要帮助学生认识到自己存在的问题，进而帮助他们逐一解决。

环节二：观察，尝试描述

1. 提问互动

师：同学们，你们再看一下其他同学观察植物时的状态，再想想自己是如何观察的，有没有发现问题？

生：他在上下打量植物，我也是一直用眼睛看啊。

师：你们看的时候有方法吗？

生：就是用眼睛看啊。

师：观察，和我们平时说的"看"是不一样的，观察要有目的、有计划，要运用各种辅助工具直接观察。比如，可以用眼睛看这种生物的颜色、大小、形态，用手触摸其质地，用鼻子闻一闻有没有什么气味，等等。观察的辅助工具有很多，实验室常用的是放大镜、解剖显微镜、显微镜，还有照相机、摄像机。有时还会用到海底潜望镜、水下摄像机等。另外要运用科学的方法，按照一定的顺序和要求进行观察。观察顺序可以是从上向下、从下向上，从外向内，从整体到局部等，观察要实事求是，讲究客观，不能捏造或歪曲事实。

师：（再次展示罗勒种子和幼苗，引导学生重新进行观察）对于罗勒种子，我们可以按照从整体到局部，从形态、大小、颜色、质地、味道这些方面进行观察，请同学们试着再描述一下吧。

生1：（看了一会儿）罗勒的种子是椭圆形的，黑色，很小，有香味，顶端有白色的毛。

生2：（摸了一下，又闻了闻）种子硬硬的，很香，我手上也沾上了香味，很好闻。

师：很好，你们观察时抓住了观察对象的主要特征，对于种子的大小，我们可以借助尺子进行测量。在观察时也可以借助放大镜、解剖显微镜、显微镜这些工具，对于种子的质量，我们可以借助天平进行测量，测量的种子要选择完整的、籽粒饱满的。

生：（用天平称、用尺子测量、用解剖显微镜观察）每克种子大约有500粒，种子很轻；每粒种子长2.2mm，宽1mm，在解剖显微镜下看，种子很大；顶端的毛呈暗黄色。

师：我们在观察时还要做好记录，记录的方法是多种多样的，可以用文字描述种子的形态，也可以用绘图的方式画出种子的形态，还可以进行拍照，请同学们将观察到的现象如实进行记录。

学生有的进行文字描述，有的通过绘图描述种子形态，还有的通过拍照记录。

师：同学们做得很好，对于罗勒的种子我们采取了文字描述、绘图、拍照三种方式进行记录。其实，记录的方式还有很多，要根据你所观察的对象的特征采用不同的方式，比如，观察两种以上生物时，还可以采用列表对比的方式。

师：（展示学生对罗勒种子的观察描述表）请同学们评价一下这一组同学的观察记录。

生1：他们观察得很细致，也很认真，记录得也很详细。

生2：他们从种子的形态、大小、颜色、质量、味道进行描述，很全面、很具体。

生3：他们绘的图特别好，很形象。

罗勒种子观察记录表

观察目的	利用科学的观察方法，尝试描述罗勒种子的形态特征，尝试运用文字、绘图、拍照的方式进行记录
用眼睛观察到的形态特点	长度：2.2mm；颜色：黑色；形状：椭圆，顶端有白色毛状物
用解剖显微镜观察并描述	在解剖显微镜下观察到种子呈褐色，顶端有暗黄色毛状物

2．分析说明

在这一环节，教师首先引导学生运用各种感官，并利用科学的观察方法，从整体到局部对罗勒种子进行观察。然后，借助解剖显微镜、天平等工具帮助学生对罗勒种子在形态、颜色、大小、质量、气味等方面建立具体、全面、系统的感性认识，在此基础上引导学生将观察到的现象实事求是地、客观地进行描述。对观察对象进行记录有多种多样的方式，如拍照、绘图、文字描述、列表对比等，我们要结合观察对象的特征及研究的侧重点选择适当方式，以保证全面、系统、客观地记录所要观察研究的对象。

环节三：观察，描述巩固

1．提问互动

师：刚才我们观察了罗勒的种子，相信同学们对于如何进行科学观察并客观地记录有了初步的认识。那么，对于刚刚萌发的幼苗，应该如何进行观察呢？

生 1：和观察种子一样，用眼睛看形态、颜色，用尺子测量高度，用鼻子闻一闻味道。

生 2：还要按照顺序进行观察，应该从下向上或从上向下。

师：是的。

生 3：要从整体到局部观察。老师，还需要用解剖显微镜观察吗？还要绘图描述吗？

师：需要。注意，我们在观察时还是要实事求是，客观描述观察对象的形态特点。为了能够从整体上把握罗勒幼苗的形态，我们可以拔掉生长较密集的几棵幼苗进行观察。下面请同学们分成小组，对罗勒幼苗进行观察，并描述幼苗的形态特征。

生：（在教师指导下，拔出部分幼苗，借助尺子、解剖显微镜进行观察，由小组代表展示成果）

师：（展示学生对罗勒幼苗的观察记录表）我们一起来看一下这组同学展示的内容，评价一下。

生：他们观察得很细致、认真，描述很具体、形象。"子叶像两只手在托起温暖的阳光"，老师，这是比喻句，合适吗？不是说描述要实事求是吗？

师：请这组的同学说一说你们的想法。

生：我们在观察时，发现子叶呈半圆形，很可爱，感觉就像展开的手掌；在解剖显微镜下，子叶很厚实，颜色是翠绿色的，给人的感觉很温暖、很柔和，老师，可以这样写吗？

师：这种比喻是可以用的，观察要讲究实事求是，但是形象的比喻不等同于夸大其词或言而不实，形象的比喻可以使研究报告生动、活泼，增强其趣味性，给人深刻的印象，而不会显得呆板、乏味。

罗勒幼苗观察记录表

观察目的	利用科学的观察方法，描述罗勒幼苗的形态特征，运用文字、绘图、照片的方式进行记录
罗勒幼苗的形态特征	根部为白色，细长，约有 3cm 长，有数条须根；茎很短，上面两片绿色的子叶呈半圆形，约有 7mm 宽，子叶像两只手在托起温暖的阳光，子叶也有香味；在解剖显微镜下，两片子叶厚厚的，呈翠绿色

2．分析说明

为了巩固同学们对观察法的掌握情况，此环节组织学生对刚萌发的罗勒幼苗进行观察描述。在这一环节中，学生表现得更加熟练，观察时从下向上、整体到局部进行，并知道借助尺子测量幼苗高度、子叶大小，借助解剖显微镜观察幼苗，可以做到边观察边记录。

环节四：总结，交流升华

1. 提问互动

师：通过对罗勒种子、幼苗的观察记录，可以看出同学们对于观察方法的运用已经很熟练了。要做到得心应手，还需要反复进行这样的训练。等幼苗逐渐长大，我们还是要运用这样的方法进行观察描述。你们总结一下，刚才用了什么方法进行观察？观察时的注意事项是什么？如何进行记录？

生 1：观察时要按照顺序进行，从上向下，或从下向上，从外向内，从整体到局部。

生 2：观察时不仅仅靠眼睛看，还要摸一摸、闻一闻，要借助各种观察工具。

生 3：观察植物的形态、颜色、高矮、大小、质地、味道。

生 4：观察时要实事求是，客观认真，不能捏造事实，可以用文字、图画、照片等进行记录。

师：同学们总结得很好。

师：通过本节课的学习，你们有什么感想和体会？解决了什么问题？

生1：以前我不知道怎么观察，现在知道了观察要讲究科学的方法，要认真仔细。

生2：我学会了在对植物进行描述时不仅能用文字叙述，还可以用绘图的方法。有时不知道用什么词来描述，我就和同伴一起商量。

生3：等罗勒幼苗逐渐长大，我们还可以用这种方法继续进行观察。

师：说得很好，不仅是我们这一个课题，以后在观察其他事物时遇到问题，我们同样要慢慢解决，做人也一样，要脚踏实地、实事求是。

师：不过，对于不同时期的植物，观察重点是不同的。（展示罗勒长大开花结果的图片）等到罗勒幼苗长高了，长出真叶，我们观察的重点是什么？

生：茎和叶，要重点观察叶的形态、颜色、大小，还有生长状况。

师：很好，要是开花结果时期呢？

生：重点观察什么时间有花苞，什么时间开花，花的形态、颜色、大小，还有什么时间结果，果实的形态、颜色、大小。

师：虽然罗勒幼苗还没长大，但同学们已经想到以后的观察重点了。不过，植物有很多的生物术语，比如，叶片在茎上的着生方式有对生、互生、轮生；叶片形态多种多样，有卵形、披针形、扇形、掌状形；花序也有很多类型，总状花序、头状花序、穗状花序等。在以后的观察中我们还会用到这些术语，这些需要同学们查阅相关资料，提前学习，对我们即将用到的这些知识进行了解，以免发生科学性错误。

2.分析说明

在学生结束观察描述后，引导学生总结观察法的要点和注意事项，使学生将科学的观察方法内化为自己的能力，从感性认识提升到理性认识，使他们从内心深处认同观察要有科学的方法，要有一定的顺序，要抓住观察研究对象的重要特点，细致、客观、实事求是地进行观察与描述。最后，教师抛出罗勒逐渐长大后的观察要点，使学生明确每一时期的观察目标和要点是不一样的，要随着观察对象的变化而变化，但观察方法和实事求是的态度是不变的。

生物术语是观察描述生物时不可或缺的基础知识，初中生物教材并没有全部列出，显然学生在这一方面的知识储备需要适时补充。但一节课的观察练习肯定是不够的，随着罗勒幼苗的逐渐生长，学生后期需要反复地观察练习，才能使观察能力得到提高，这对于培养学生养成良好的观察习惯，形成严谨细致、实事求是的科学态度也是十分必要的。

三、教学反思

美国哈佛大学教育研究院的心理发展学家霍华德·加德纳提出的多元智能理论表明，自然观察智能是孩子众多智能表现中重要的一环，也是值得被开发的一项潜能。科学史上许多名人，如达尔文、爱迪生等都是自然观察智能的杰出代表。

带领学生观察罗勒时，经常发现他们不知道如何观察、如何描述、如何记录。这是由于学生对观察的定义较模糊，理解不到位。教师可以在课前让罗勒种子萌发出来，在课堂上指导学生进行观察，引导学生在不同时段观察罗勒不同时期的生长状况和形态特点。

具有自然观察智能特质的孩子，在生活中会表现出敏锐的观察力，具有强烈的好奇心，对事物的分类、辨别、记忆有特别的方式。作为教师，我们有责任、

有义务为学生创造接触大自然的机会，运用科学方法
培养他们的观察能力，进而开发学生的自然观察智能。
未来，我们将义无反顾地带领学生在探索自然的道路
上继续前行。

关于《你认识罗勒吗》

罗勒是一种草本植物，也被称为九层塔、千层塔等，其花呈淡紫色或白色。罗勒品种繁多，包括甜罗勒、斑叶罗勒、丁香罗勒等。不同品种的罗勒在叶形、花色、香味等方面都有所差异，使得罗勒的应用更加多样化。它是一种具有丰富药用价值、食用价值和调香价值的草本植物，广泛分布于世界各地，并深受人们的喜爱。

在《你认识罗勒吗》这一活动教案中，教师采用项目式教学的方式引导学生进行课题研究，为学生创设真实的问题情境。学生自主选题并撰写研究计划，然后在小组内进行分工，在种植、观察、记录和提取精油等环节，每位同学都积极参与。

观察不仅是认识事物、积累知识和发现问题的起点，更是启发思考和创新的源泉。进行观察时，我们需要积极思考，在头脑中多问几个为什么，有思考就有发现和创新。学生在观察时不应仅停留在研究对象的表面，还要将观察和思维紧密结合起来，学会透过现象看清事物的本质，找到自然规律，学会逻辑判断和推理，在观察中思考，在思考中观察，这样才能真正提高观察能力。

教师作为协助者和引导者，在"观察和描述"环节结束后，应进行系统、清晰地梳理与总结。在教学过程中，需确保步骤明确、细节详尽，以便学生能更好地理解和掌握观察与描述的关键点和技巧。教师应引导学生采用科学的观察方法来细致观察植物，指导学生先用眼睛进行初步观察，然后借助放大镜和解剖显微镜等工具进行深入观察。同时，教师还应教学生利用绘图、拍照和文字描述等方式对观察结果进行科学、准确地记录。在探究罗勒的过程中，学生逐渐对罗勒有了全面的了解，并掌握科学的观察和记录方法，从而使自己的观察能力得到显著提升。

总之，在探究罗勒的种植与观察过程中，学生展现出了极高的学习热情和探索精神。通过这次实践活动，他们不仅全面了解了罗勒的特性和生长环境，还掌握了科学的观察和记录方法，显著提升了观察能力。同时，学生在种植罗勒的过程中，学习了相关的生物学知识，提高了劳动技能，培养了科学探究能力和解决实际问题的能力。更重要的是，他们不仅在活动中体会到劳动的艰辛，还收获了快乐，这种体验将对他们的成长产生深远的影响。这次探究罗勒的活动是一次颇有成效的学习经历，为学生的全面发展奠定了坚实的基础。

《你认识罗勒吗》点评

　　观察是人们认识世界、获取知识的一个重要途径，也是科学研究的重要方法。教学活动中引导学生观察是大教育背景下提升教学质量、实现个性化教学和促进教育创新的重要举措。

　　学生的学习离不开观察。各科教学中只有运用观察，才能使学生对学习对象获得鲜明、生动、具体的感性认识，积累丰富的感性经验，并通过抽象概括达到理性认识。观察的重要性主要体现在以下几个方面：一是深入理解知识。在学习过程中，学生需要观察各种现象、实验和案例，以便更深入地理解知识。二是发现与解决问题。三是培养创新思维。

　　歌德认为人类的天赋之一就是具有参与性的观察能力。这一点在孩子的身上可以明显看到。他们可以看一下午蚂蚁搬家，会在雨中发现小蜗牛，看到在树干上攀爬的小虫子、飞舞的蝴蝶，他们会模仿我们做出来的任何事情，他们知道叶子飘落的轨迹，他们会在下雨前闻到不同的味道。这些都是我们天生具有的观察能力，只是在成长的过程中它慢慢地沉睡了，需要我们唤醒它。

在《你认识罗勒吗》这个活动教案中，教师引导学生从观察罗勒的种子和幼苗开始，循循善诱，循序渐进地教会学生观察、描述、记录，帮助学生从植物的形态、颜色、数量、高度、大小、质地、质量等方面，全面、系统地把握植物的主要特征，用文字描述、绘图、拍照等方式记录植物的形态特征。这样，学生良好的观察习惯就逐渐养成了。教师指导学生在观察时不仅仅局限于观察到的直观现象，更重要的是把观察和思维紧密结合起来，使学生学会透过现象看本质，找到自然规律；学会逻辑判断和推理，在观察中思考，在思考中观察，致力于培养学生的观察能力及科学素养。

大教育理念强调教育的整体性和全面性，旨在培养全面发展的人。这一理念注重学生的个性发展，鼓励创新，培养批判性思维，同时强调知识、技能和情感态度的培养。如今，教育不再仅仅传授知识，还注重学生综合素质的提升和未来的发展，培养他们的社会责任感，提高他们的创新能力，为他们未来的工作与生活奠定坚实的基础。

作品选送：姜天垚　金衡　张皓楠　点评：王玲

嗨，树瘤——自然与艺术的奇妙之旅

　　说到树瘤，你能联想到什么？你知道什么是树瘤吗？《嗨，树瘤——自然与艺术的奇妙之旅》不仅清晰地讲解了树瘤的相关知识，还巧妙融合艺术元素，将树瘤与月季嫁接的自然观察活动和传统树瘤艺术融入课堂教学，形成了一堂以树瘤为主题的跨学科探究式教学活动。

活动教案

嗨，树瘤

——自然与艺术的奇妙之旅

一、课程概述

本课程是一门融合科学与艺术的创新课程，旨在通过探究树瘤的形成、观察月季嫁接过程，以及欣赏树瘤工艺品等活动，引导学生深入了解自然界的奥秘，感受艺术与自然的和谐之美。通过实践活动和小组讨论，培养学生的观察能力、分析能力、合作能力和创新能力，从而提升他们的科学素养和人文情怀。

二、学情分析

本课程适合小学高年级到初中阶段的学生进行学习。这个年龄段的学生好奇心强，求知欲旺盛，对自然和艺术有着浓厚的兴趣。通过本课程的学习，他们能够更深入地了解树瘤的形成原理，欣赏树瘤工艺品的美丽和神奇之处，从而提升科学素养和艺术审美能力。

三、教学目标

1．科学知识：通过掌握树瘤的形成原理和月季嫁接膨大组织的形成机制，了解树瘤工艺品的历史和文化内涵，学会欣赏树瘤工艺品，培养观察环境、记录要点的能力。

2．科学方法：一是通过实践活动和小组讨论，提高观察能力、分析能力和合作能力；二是学会运用科学知识和艺术审美来分析和解决问题；三是培养创新思维和解决问题的能力。

3．态度责任：提升科学素养，培养环保意识，增加社会责任感。

四、重点与难点

1．重点：了解树瘤的形成原理。通过对月季嫁接膨大组织的观察，了解嫁接处膨大隆起的形成过程，并与正常枝条的内部结构进行对比。

2．难点：从树瘤和月季嫁接膨大组织中寻找灵感；

欣赏树瘤，感受自然与人文的融合。

五、方法与策略

问题探究法、观察记录法、讨论法等。

六、教学准备

1. 图片：树瘤图片、人的伤疤图片等；

2. 地点：可在公园或校园内观察树瘤和月季扦插；

3. 工艺品：树瘤工艺品视频或实物。

七、教学过程

环节一：导入（10分钟）

1. 教师活动：引入"疤痕"的概念，带学生了解人类伤疤的形成过程。知道了人的伤疤是这样形成的，那么树的疤痕是什么样的？引导学生对树的疤痕产生好奇和思考。展示人的伤疤图片和树瘤图片，解释树瘤的形成过程，要求学生小组讨论树瘤和人类疤痕的异同。

2. 学生活动：分享自己见过的伤疤，以人的伤疤的经验基础猜想树的伤疤形式，对树瘤产生兴趣和疑问；小组讨论树瘤和人的伤疤的异同。

3. **任务**：引导学生在讨论中总结树瘤和人类伤疤的异同。

环节二：探究（20 分钟）

1. **教师活动**：了解人的伤疤和树的伤疤的异同后，带领学生走进树林一起探索树瘤的秘密。介绍树瘤的成因：树瘤，这个听起来有些陌生的词汇，其实是大自然赋予树木的一种特殊印记。当树木受到外力损伤或细菌侵扰时，它们会启动自我保护机制，通过细胞无性繁殖形成瘤状组织。

2. **学生活动**：首先在树林中寻找并观察树瘤，注意树瘤的大小、形状、颜色和有树瘤的树木的生长情况。然后在纸上记录并画出自己观察到的树瘤的形态。

3. **任务**：了解树瘤的成因，在树林中寻找并观察树瘤。对树瘤具有直观的认识和了解，培养观察环境、记录要点的能力。

环节三：观察（10 分钟）

1. **教师活动**：介绍月季扦插，树瘤和月季扦插的形成机制和应用领域都有所不同，但都在各自的领域里展示了植物生命的奇妙与多样。嫁接是利用植物受伤后具有愈伤的机能而进行的一种营养繁殖方式，嫁接处通常会膨大隆起，类似于树瘤的形成过程。

教师带领同学们观察月季扦插，通过解剖嫁接的月季枝条和正常的月季枝条对它们的内部结构进行对比观察，学生可以直观地了解植物在自我修复过程中内部膨大隆起的结构。

观察要点：观察扦插的几个环节，一是观察扦插所使用的月季枝条是否健康、粗壮，是否带有一定的芽眼。二是观察月季扦插的方法，比如是直接插入土壤中的，还是使用了其他辅助材料（如生根粉、保鲜膜等）来促进生根。三是观察扦插后的月季枝条是否健康并开始发芽长叶且叶片鲜绿。四是观察根系状况。健康的根系应该有较多的毛细根，能够吸收足够的水分和养分来支持植株的生长。

2．学生活动：观察月季扦插和嫁接形成的膨大组织，了解月季扦插的方法、流程。

3．任务：了解月季扦插与树瘤的异同，观察月季扦插的过程、方法和形成的膨大组织。通过对比月季扦插和树瘤，感受植物生命的奇妙与多样。

环节四：赏析（10分钟）

1. **教师活动**：带领学生欣赏树瘤工艺品，讲解树瘤艺术品的历史和文化内涵。

2. **学生活动**：欣赏树瘤工艺品，描述其形态和纹理，感悟自然与人文交融之美。

3. **任务**：欣赏树瘤工艺品和树瘤雕刻艺术。了解树瘤工艺品不仅具有独特的审美价值，还承载着丰富的历史和文化内涵。它们是人与自然和谐共生的产物，也是人类文明与自然文明的完美结合。

环节五：阐述（10分钟）

1. **教师活动**：这是一场自然与艺术的奇妙邂逅，树瘤除了本身的美丽和神奇，还能给我们带来许多启发。例如，树瘤告诉我们，即使面对困境和挫折，我们也要保持坚韧不拔的精神，勇敢地迎接挑战。同时，树瘤工艺品也让我们看到自然与人文是可以和谐共生的，我们可以从自然中汲取灵感，创造出更多美好的事物。提出问题：分享一下你对树瘤的看法和感受。树瘤有哪些特别之处？树瘤给你们带来了怎样的启示？

2. **学生活动**：在本节课中学习并观察了树瘤后，能够从树瘤中得到什么启发和思考？学生进行小组讨论，发言分享自己的体悟和感受。

3．**任务**：总结本节课内容，拓展讨论并互相交流，让学生在交流中碰撞思想，在分享中收获成长。

作者 分享

嗨，树瘤！与自然和艺术来一场奇妙邂逅

随着国家"双减"政策的深入实施，社会教育（以下简称社教）正迎来新的变革。学校与社区、博物馆、城市公园、科研院所等社会机构开展馆校合作的重要性日渐显现。天坛作为世界文化遗产，承载着丰富的哲学、历史、科技、文化、生态及民俗资源。如何高效转化这些资源，以履行其社教职能，是天坛面临的重要课题。在不断地探索和实践中，我们逐渐意识到，设计富有吸引力的青少年课程，并深化与学校的协同合作，是一条值得推广的路径。

综合实践活动课程是提升学生综合素养的有效途径，也是天坛与学校开展馆校合作的主要形式。在此过程中，通过引导学生实地观察和深入探索，让学生亲身体验天坛的深厚文化底蕴和独特魅力，进而促进天坛资源向科普教育资源的有效转化。基于此，我们针对天坛中古树这一重要资源，开展了大量研究和实践，其中《嗨，树瘤——自然与艺术的奇妙之旅》科普课程便是优秀成果之一。树瘤是在树木因外力或细菌侵染而受伤后进行自我修复的结果，这一结果往往需要几年的时间才能形成。同时，以树瘤为材料的树瘤雕刻艺术也是我国传统工艺的重要组成部分。

在本课程创作过程中，如何将树瘤形成这一复杂的过程以简单易懂的方式呈现，以及如何将艺术、科学与自然观察的内容统一到课程中是设计活动首先要思考的问题。

创作整个教学活动的过程中，我们充分考虑了初中阶段学生的认知特点。学生在初一阶段已经学习了植物细胞、组织、器官的结构特征及功能，掌握了一定的生物基础知识。因此，教师在教案设计中将学科知识和活动实践进行结合，将实践探究环节设计为基于学生已有的知识经验和认知水平，以此来让学生解决真实情境中的问题，并实现对课内知识和技能的补充和延伸。课程从人的伤疤形成机制过渡到树的伤疤（即树瘤）形成机制，探究它们的不同之处，而后通过观察和记录，引导学生对树瘤产生具象的认知，深入了解树瘤的形成原理。通过解剖嫁接月季枝条，帮助学生对树瘤的形成原因有一个直观认识。最后带领学生欣赏树瘤雕刻艺术，从另一个角度欣赏树瘤之美，以实现艺术和科学的有机融合。

专家点评

《嗨，树瘤
——
自然与艺术的奇妙之旅》
点评

　　《嗨，树瘤——自然与艺术的奇妙之旅》这篇教案在选题上极具创新性和趣味性，将初中植物学知识与学生不熟悉的树瘤现象相结合，极大地激发了学生的学习兴趣，使原本略显枯燥的植物学知识变得生动有趣，更容易引起学生的共鸣。导入环节巧妙地将树瘤与人类的伤疤进行对比，加深了学生对树瘤形成的理解，也拓宽了学生的知识视野。教案在内容的编排上逻辑清晰、连贯性强。作者根据学生的生物学习成果，引导学生尝试利用已有知识猜测或解释树瘤的形成原因，然后利用月季扦插模拟树瘤的形成过程，增强了课程的实践性和互动性。

　　教案的设计从理论到实践，从认识到体验，形成了一个完整的教学闭环。教案中采用了多种教学方法，包括讲授法、实验法、对比法、观察法和实践法等，使教学过程更加丰富多彩，同时强调了学生的主体地位，鼓励了学生积极参与讨论和交流，培养了学生的合作精神和沟通能力。教案在编写时明确了教学目标，即让学生了解树瘤的形成原因和过程，掌握树瘤与人类伤疤的异同点，并培养学生的观察、分析和实践能力。这些目标既符合学生的认知水平，也符合教学大纲的要求，具有明确性和可达性。通过教学活动的实施，学生能够有效地达到这些目标，提升核心素养和综合能力。

美中不足的是，教案内容虽然涵盖了树瘤的形成原理、月季嫁接技术等理论知识，但理论与实践联系不紧密，缺乏让学生亲身体验和操作的实践环节，不利于学生对知识的深入理解和掌握。后续，可以根据场地情况，适当增加实践环节，让学生亲手进行简单的嫁接实验，提升学生的实践操作能力。

总体来说，《嗨，树瘤——自然与艺术的奇妙之旅》这一教案在选题、内容编排、教学方法和教学目标等方面都很出色，具有一定的教学价值和实用性。建议在实际教学中，教师根据学生的实际情况和兴趣爱好，适当调整活动内容和教学方法，使教学更加贴近学生的学情、贴近实际。同时，也可以考虑将课程中的实践活动延伸到课外，使学生有更多的机会接触和了解自然界中的奇妙现象，培养他们的科学兴趣和探索精神。

惊蛰日里找春天

伴随着惊蛰节气的来临，大自然拉开了一场恢弘的觉醒序幕。在这样一个充满生机的节气中，让我们相约在天坛公园，一起去寻找、观察、记录早春时节的动植物，感受大自然中最细微而又最震撼的生命奇迹。

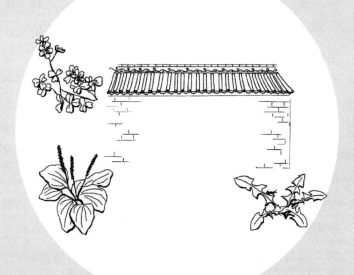

活动教案

惊蛰日里找春天

一、课程概述

伴随着惊蛰节气的来临，大自然拉开了一场恢宏的觉醒序幕。作为春季的第三个节气，惊蛰不仅承载着特有的自然物候变化，还蕴含着丰富的文化意义。它是大地回暖、万物更新的转折点。到了这个时候，天坛公园里，植物竞相萌芽，昆虫们结束冬眠，生机重现。我们可亲身感受到春日的和煦与美妙。

本课程通过互动游戏、科普讲座与户外探究等多种形式，让学生了解二十四节气的文化内涵，并聚焦到惊蛰节气，让学生认识惊蛰的物候现象、气候变化及传统习俗等。学生将通过在天坛中实地观察，提高对早春动植物的观察能力与识别技能，培养生态环境保护意识。

二、学情分析

本活动是针对 5 至 6 年级的学生设计的。5 至 6 年级的学生通过校内学习后，已经掌握了自然科学的基础知识，对自然界已形成一定程度的认识和理解。

三、方法与策略

采用探究式教学方法，坚持以学生为中心的原则，积极鼓励学生主动参与。通过观察、识别和探究等环节，培养和提升学生的观察力。注重激发学生的好奇心与探索欲，引导学生采用多元化的视角深入分析和审视问题，进而鼓励他们提出独特的见解。

通过互动游戏、科普讲座、户外探究和分组讨论等多种教学形式，确保学生全方位、深入地掌握惊蛰及早春时节动植物的相关知识。互动游戏旨在激发学生的学习兴趣，帮助他们迅速进入学习状态。科普讲座则以讲授方式传达课程核心内容。户外探究着力于锻炼和提升学生的观察与实践能力，而分组讨论促进学生自主思考并进行知识建构。

四、教学目标

1. **科学知识**：了解二十四节气，特别是惊蛰节气的详细知识，认识常见早春动植物的形态特征。

2. **科学方法**：通过游戏、观察和讨论等多种方式，学习关于惊蛰时节的动植物知识，提升观察能力。

3. **态度责任**：增强对传统文化的认知，增加民族自豪感；培养严谨的自然科学探究态度，深入思考自然环境保护的重要意义，提升生态环境保护意识和责任感。

五、重点与难点

1. **重点**：了解二十四节气体系和惊蛰节气的基础知识；培养保护自然的责任意识。

2. **难点**：了解"惊蛰"时期自然界中动植物苏醒、生长的现象。

六、教学准备

准备二十四节气知识卡片、早春地被植物标本、记录单、彩铅笔、户外地图等。

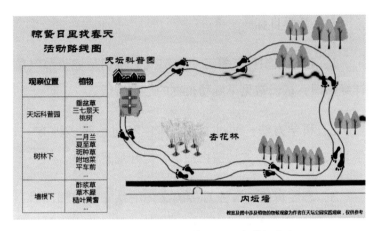

（户外地图：根据此地图开展户外探究）

七、教学过程

环节一：导入（10分钟）

1．教师活动：准备二十四节气的卡片，在每张卡片上分别写出节气的名称、对应的日期、该节气的主要特点及传统活动等内容，让学生按照节气特征将卡片进行配对。教师总结归纳二十四节气的相关知识。

2．学生活动：学生逐一抽取卡片，寻找能与自己卡片内容配对的卡片，使其组合成一个描述节气完整信息的句子，如"四月五日，清明节，适宜踏青、祭扫先人。"完成卡片配对的学生上前大声朗读他们组合后的句子。活动结尾时，抽到"惊蛰"节气卡片的学生向同学们分享并朗读卡片上的内容。

3.**任务**：引入惊蛰的知识，让学生熟悉二十四节气知识。用互动式学习，加深学生对二十四节气文化的认识，增强他们对农历二十四节气体系的理解。让学生在趣味性活动中增长知识，感受中国传统文化的魅力。活动尾声聚焦"惊蛰"，引出下一环节。

环节二：探究（15分钟）

1.**教师活动**：首先，介绍惊蛰节气的气候特征、传统习俗及惊蛰的三种物候现象。阐述这一节气对动植物生态的影响。其次，讲解观察早春天坛公园的昆虫种类，进而拓展讨论昆虫生命周期的各个阶段。然后，讲解早春植物的形态特征及生长习性。最后通过地被植物标本，引入地被植物概念，详细说明早春时节天坛公园内地被植物的状态。

2.**学生活动**：学习关于惊蛰的详细知识，了解早春时节昆虫的相关知识，掌握早春植物的典型形态特征。

任务：学习惊蛰节气的相关知识，深入了解天坛公园早春时节动植物的生态状况。观察惊蛰时期自然界中动植物苏醒、生长的现象。

环节三：观察（25 分钟）

1. 教师活动：带领学生走进天坛公园西北外坛，按照户外教学路线引导学生观察、寻找、识别早春时节的动植物。将课本中惊蛰节气的三种物候现象与天坛公园内的实际自然现象进行现场对比与分析，加深学生的理解。引导学生观察早春动植物，重点引导学生观察早春植物形态特征，尤其是天坛内的特色地被植物诸葛菜（二月兰）、附地菜、蒲公英等的情况。

2. 学生活动：在教师的引导下，自主探索沿线的动植物，用彩色铅笔绘制并记录自己认为最具特色或最感兴趣的动植物。

3. 任务：在天坛公园内进行探究与观察，记录惊蛰期间动植物的形态。通过实地探索和观察，加深学生对特定自然现象和节气文化的理解，培养他们的观察能力、探究能力。

环节四：阐释（10 分钟）

1. 教师活动：组织学生分组开展讨论，鼓励他们在组内分享各自的记录，并谈一谈在寻觅春天过程中的个人感受与体验。培养学生保护自然的责任意识。

2. 学生活动：分享自己的体悟和感受。回顾当天的课程给自己带来的启发和思考。

3．**任务**：引导学生通过分组讨论深入思考保护自然环境的重要性，提高他们保护生态环境的意识和责任感。

天坛节气生态探索课程的设计与实践

近年来，随着公众对科普的需求日益增加，越来越多的科普基地积极开展丰富多彩的科普活动，天坛公园宣教中心就是其中之一。目前，天坛公园宣教中心已开发设计了以生态类、文化类、节日节气类、古建类为主题的线上线下科普活动 100 余场。天坛公园宣教中心设计活动时力求创新性与互动性，不仅涵盖动手实验、科普讲座、沙龙论坛等形式，同时横跨语文、生物学、自然科学等多个学科领域，主要服务 8 至 10 岁的孩子。

自 2016 年 11 月"二十四节气"成功入选联合国教科文组织的世界非物质文化遗产名录以来，这一传统文化受到社会各界的广泛关注，社会上兴起了研究、宣传和弘扬二十四节气的热潮。紧随这一热潮，天坛公园宣教中心有针对性地设计并完成了 5 节聚焦节气的主题课程。同时，为确保教学内容的精准性，也查询了大量的参考文献。在这一过程中，我们发现现有的学术研究成果中，有关立春、清明及冬至节气的研究占据了较大比重，且均倾向于对民俗文化的探讨。相比之下，涉及其余节气的文献数量明显偏少，部分节气的研究近乎空白，这种状况凸显了当前在二十四节气领域存在的研究不平衡与不充分的问题。针对以上情况，以"惊蛰"节气为核心的科普活动教案应运而生，它的设计创作有效地促进了公众全面了解节气进而推动二十四节气的发展与传承。

课程设计紧密贴合新课标，着重突出中国节气文化、早春动植物等的相关知识。课程筹备初期，我们在规划大纲时，将二十四节气的知识与天坛公园内的生物多样性做了初步了解。为了深化课程内容，我们特别邀请了生态学领域的专家，与专家一起进行实地考察，去观察早春时期天坛公园里有哪些动物和植物，特别是地被植物。通过这一过程，我们学习了许多动植物的专业知识，并将这些知识转化为通俗易懂的语言融入课程中，增加课程的可学性、可实践性、可教性。

《惊蛰日里找春天》课程开发至今，服务观众 4 万余人。我们还在不断地对课程进行优化，作为课程的设计

者，我们在课程实施的过程中也实现了教学相长，努力
提升自身科学传播的专业知识及能力。接下来，我们将
不断通过参与者的评价及反馈优化课程内容，精进科学
传播的技巧与方法，以期让课程达到更广泛的传播效应
与影响力。

《惊蛰日里找春天》点评

自然观察是科学研究不可或缺的一环。自然观察涉及多个学科领域，如生物学、地理学、生态学等。通过自然观察，学生可以跨学科学习，将不同学科的知识相互融合，拓宽知识视野。二十四节气作为古人智慧的集中体现，直接来源于长期的自然观察实践——立春预示着春天的开始，雨水意味着春雨滋润万物，惊蛰则宣告了农耕活动的正式启动。这些节气不仅是时间的标记，更是人与自然关系的生动写照。将自然观察与节气文化相结合，既可以加深学生对自然规律本身的理解，还能使他们认识到人类行为如何受自然节奏的影响，帮助学生更全面地理解自然和人类活动的关系。

活动中，教师从游戏环节开始导入，引导学生全面了解二十四节气及其背后的文化，最终聚焦在惊蛰这一节气。再通过介绍惊蛰期间显著的自然现象变化，自然而然地引出户外自然观察的环节，带领学生走进自然。师生共同步入早春时节的天坛公园，学生带着一双发现的眼睛去探寻那些悄然萌发的植物，这一过程使学生成为探索大自然奥秘的亲历者和发现者。整个教学活动实现了理论和实践的结合，让学生通过对大自然的观察进一步了解自然知识。

将自然观察与节气文化相结合的体验式学习，是一种既创新又高效的教学方法。我们积极倡导学校与校外科普基地之间建立更紧密的合作关系，共同将节气文化与自然观察融入日常课程及户外拓展活动，并以此构建一个平台，让抽象的理论知识与直观的自然场景相融合。这样不仅能加强学生对知识点的记忆与理解，还能进一步加深他们对自然规律及文化传承的认识，从而点燃他们探索自然奥秘与传统文化的热情。

该活动围绕特定节气而设计，可能会面临难以持续激发学生学习动力的问题。在后续的教学中，建议推出多样化的活动形式，将关于二十四节气的教育活动策划为一个连续的系列，确保学生学习的内容具有连贯性和深度，从而使学生长期保持学习热情。

传播效果

　　传播效果是指传播活动对受众及社会产生的
影响和作用，是传播活动的出发点和归宿。传播
效果的研究经历了从单一到多元、从短期到长期、
从表面到深层次的过程。以大众媒体和新媒体的
传播效果为例，大众媒体时代，传播效果主要体
现在信息的广泛传播和受众的被动接收上；而新
媒体时代，传播效果更加注重互动性和反馈度，
如微博热搜、短视频推送等，能让受众在短时间
内参与到信息传播中。依托社交媒体上形成强大
的舆论场，研究者能深入地了解信息如何影响受
众的态度和行为。

逃跑的小水珠

作品选送：庞森尔　点评：史冬青

"出淤泥而不染"是我们耳熟能详的佳句，而荷叶亦有相似之处，无论周遭环境如何污浊，它总能保持着那份特有的清爽与光泽，这背后究竟隐藏着怎样的奥秘呢？本文将生动揭示荷叶这独特的洁净之谜。

讲解稿件

逃跑的小水珠

观众朋友们，同学们，大家好！欢迎走进中国园林博物馆，你一定会被这翠绿的荷叶、粉嫩的荷花深深地吸引。

你知道吗？荷花可是中国本土植物，在我国发现的约8000 万年前的荷叶化石，很好地证明了其本土性。从古至今，中国人把荷花视为出淤泥而不染的"君子之花"。

你在欣赏荷花的时候有没有发现，它的叶子总是干干净净的，就连雨水落在上面也会悄悄地溜走？

有同学说是因为叶面光滑。那我们用表面同样光滑的玻璃来试一试，您看水都贴在玻璃上了，可见，答案是否定的。

其实，这荷叶的秘密就在于其"超疏水"的表面。

首先，什么是"超疏水"？当水落在固体表面时，水和固体表面之间会形成接触角，如果接触角小于 90°，则固体表现为亲水性；接触角大于 90°，则表现为疏水性；接触角在 120° 与 150° 之间，就被称为"超疏水"。

那么，形成这种表面的原因有哪些呢？一是荷叶表面有蜡状物。二是荷叶表面其实是粗糙的。我们用电子显微镜观看，把荷叶表面进行放大，大家请看，这上面有一个紧挨着一个的大小约为 10 微米的"小山包"，"小山包"上长满了绒毛，就像种满了植被一样。这些绒毛只有 1 纳米大小，肉眼根本看不见。因为水珠的直径比绒毛的直径要大，所以雨水只能和"小山包"上的突起构成几个点的接触，根本无法进一步"入侵"，瞧！这水珠只能在"山头"上跑来跑去了。

在中国科学院化物所专家的不断研究下，还真发明了像荷叶一样的"超疏水"材料呢！

我们一起做个实验。这是我们平时穿的白布鞋，我在上面喷洒新材料，然后滴墨水，你看，墨水直接滚落下来了。

通过这小小的实验，我们能够看到这"超疏水"材料真的可以让水珠逃跑！这项科学技术已经走进了我们的生活。比如，衣服、鞋子可以防止油污吸附，汽车挡风玻璃不再害怕雨水，等等。

　　亲爱的同学们，人类从自然界寻找灵感，靠智慧和双手塑造了世界，让我们用眼睛去发现、用头脑去探索，让科技引领我们的生活，一起走向美好的未来！

作者 分享

《逃跑的小水珠》
创作说明

作为一名博物馆教育工作者，我已经工作了 10 年，在这期间，我和团队参与科普讲解比赛也已有 9 个春秋。在这一过程中，无论是选题的确立、文稿的撰写，还是舞台上的演绎，每个环节都深刻地影响着我对科学传播的理解和认识。我借此机会向大家分享这篇参赛讲解稿件背后的故事。

2022 年，我迎来了身份的转变，成为一位母亲。新生命的到来让我的生活变得充实，却也有些手忙脚乱。我回到工作岗位不久，突然接到了科普讲解比赛的通知。这个消息让我既兴奋又激动，我意识到，这是我让自己重新投入到热爱的科普教育事业的一个绝佳机会。我决心借此契机，调整状态，再次回到科普讲解比赛的舞台上。

参赛的讲解稿件和日常的讲解稿件存在差异，如何选题，如何构思，以及如何将自己的特色与风格融入讲解，这让我陷入了思考。时值夏日，我与女儿共同赏荷，我突然发现女儿嬉戏的荷叶上，有许多滚动的小水珠，在我的脑海中，闪现出以此为主题的讲解稿件。在筹备相关资料时，我惊喜地发现荷花背后所蕴含的深厚的文学性、艺术性及科学性。这些发现使我信心倍增，我坚信，只要深入挖掘这些亮点，定能在四分钟的讲解中，让评审老师们耳目一新，给他们留下深刻的印象。然而，在探索自己的讲解风格时，我更不能忘记自己的专业——手语翻译。作为特殊教育专业的毕业生，同时也是早期获得手语翻译资质的特教教师，我将在科普讲解中融入自己的专业特色。

在专家和团队成员的帮助与指导下，我精心准备了美丽的荷叶图片及精彩的介绍荷叶微观世界的视频，并巧妙地运用了各种舞台道具。在讲解比赛现场，尤其在讲解的高潮部分，伴随着音乐，我自然地融入了手语表达，为观众带来了全新的视听体验。经过激烈的角逐，我获得了北京市科普讲解大赛一等奖。荣誉的背后，我还要感谢我的宝贝女儿，是她让我发现了"荷叶疏水的秘密"，为我的选题增添了生活元素，这进一步激发了我用心去感知并发掘身边的科学奥秘的兴趣。

《逃跑的小水珠》点评

我想与大家分享这篇讲解稿件，也可以说是以这种方式来分享这文字背后的小故事。很多参加科普讲解培训的学员常怀有一种怕给老师添麻烦的心态，或者担心提出的问题不够有水平。其实，这些顾虑大可不必。培训教师是非常期待与大家进行互动和交流的，因为这样的交流对于双方来说都是一种提升的机会。

《逃跑的小水珠》的作者是庞森尔，她是中国园林博物馆的一名科技辅导教师。我与森尔的相识源于一次科普讲解培训。当时，我作为培训教师，发现了一个女孩子，她嘴角上扬，有一双漂亮的眼睛，正在注视着我。人群中，她投来的目光让我不得不与之相视。培训刚刚结束，她就朝我走来，坚定地说："老师，给您添麻烦了，我需要您的帮助。我想讲解荷叶，讲述身边的科学，我想在今年举办的科普赛事中取得好名次，同时我也想在科学传播专业中，找到自己的方向。"

说起荷叶，大家并不陌生，它作为讲解选题十分常见。虽然讲起来容易，但要讲好却颇具挑战，要想在比赛中获奖更是难上加难。因此，我们需要深入挖掘选题与讲解员的共性，同时准确把握青少年受众的特点，巧妙地将趣味性和知识性相结合，并梳理出清晰的逻辑。在四分钟的讲解稿件中，要兼顾科学知识的普及、科学方法的探索及科学思想的传播，并且确保将讲解员的情感妥善融入其中。我们就必须在文本创作上下足功夫。

与森尔的整个合作过程是非常享受的，森尔也取得了非常好的比赛成绩，成功晋级到国赛。那让我们看看她讲解的亮点都有哪些。一是充分结合了"双减"政策的背景，在这个背景下，场馆和学校实现了有效对接，为青少年提供了更广阔的学习和实践空间。借助荷叶巧妙地融入了科学教育的元素，将知识性与趣味性完美结合，使青少年在轻松愉快的氛围中掌握科学知识，提升科学思维。二是森尔在讲解中展现出了深厚的专业素养和独特的个人魅力。她以生动的语言和丰富的实例，引导青少年探索荷叶背后的科学奥秘，激发了他们的好奇心和求知欲。同时，她还通过互动环节，让青少年积极参与其中，增强了他们的学习体验和参与感。三是整个讲解过程逻辑清晰、层次分明，从荷叶的基本知识到科学原理，再到应用前景，层层递进、环环相扣，使青少年能够系统地了解荷叶的相关知识。四是森尔在讲解中注重情感表达，将个人的情感融入其中，使整个讲解更加生动感人。她用自己的热情和真诚感染了每一位观众，让大家深刻感受到了科学教育的魅力和意义。

正是这些亮点的存在，使森尔在比赛中脱颖而出，赢得了评委和观众的一致好评。我们期待她在未来的比赛中继续拥有出色表现，为科学教育事业贡献更多的力量。

传播媒介

　　传播媒介是指传递信息、沟通想法的工具和
渠道。随着时代变迁，传播媒介经历了从口头、
文字、印刷、电子到数字的演变。尤其是短视频
出现后，传播媒介呈现出多样化、个性化、互动
性等特点。这些媒介不仅改变了信息的传播方式，
也改变了受众接收信息的习惯。例如，人们现在
更倾向于通过智能手机获取新闻，而不是传统的
报纸或电视，这反映了传播媒介的演变对信息消
费模式的深刻影响。

『梅花院士』陈俊愉

作品选送：滕元　点评：曾兴　尹焕楠

是谁让世界记住了"MEI"，并成功获得了中国花卉国际登录权？让我们通过梅花院士陈俊愉的故事，来揭开"MEI"的神秘面纱。

人物访谈

『梅花院士』陈俊愉

访谈前言：

　　一个阳光明媚的春日，在北京林业大学的咖啡厅，有幸与陈瑞丹教授如期会面。陈教授言谈间流露出浪漫而温婉的气质，当我们聊到她热爱的梅花事业及她最敬重的领路人——她的外公陈俊愉先生时，她眼中闪烁着童真的光彩。陈瑞丹教授以亲切、家常的方式，娓娓讲述陈俊愉院士的学术经历和研究梅花的趣事，我们深切感受到了陈俊愉院士对梅花事业的执着追求，也领略到了陈瑞丹教授作为学者和传承者的独特魅力。今天，我把对陈瑞丹教授的访谈稿分享给大家，帮助大家了解中国花卉国际登录的相关情况。

问：您能否谈谈陈俊愉院士早年学习的情况，以及他是如何开始从事梅花登录工作的？

答：我的外公陈俊愉先生，上世纪四十年代在金陵大学求学，接触到了重庆中央大学园艺系教授曾勉的论文《Mei Hua: National Flower of China》。之后，他跟随汪菊渊先生在成都调查梅花品种，对梅花产生了浓厚的兴趣，并决心投身于梅花研究。1947年出版了第一本梅花专著《巴山蜀水记梅花》，书中收录了他们在四川发现的35个梅花品种。后来，外公又前往丹麦皇家兽医和农业大学深造园艺学，这段经历和教育背景使他始终关注国际学术界的新动态，并经常参与国际交流与学术活动。这也成为他后来推动梅花国际登录的契机。

问：采访您之前，我读了很多文献资料，了解到中国花卉品种繁多。然而，令我好奇的是，为什么我国第一个申报国际登录权的是梅花？这是否需要做大量的准备工作呢？

答：栽培植物的国际登录权，是一种用于鉴别和判定花卉植物知识产权的重要权利，它如同栽培植物的"国际身份证"。获得登录权的品种不仅能够拥有在全世界通用的名称和新品种优先命名权，还能享有生产的优先权。申请方需经过国际园艺学会（ISHS）下属的命名和登录委员会的严格审核与批准，方能获得这一权威认证。当时，全球已有 14 个国家的 71 种花卉类作物拥有了国际登录权，遗憾的是，中国的传统花卉如月季、山茶、菊花、兰花、杜鹃和莲类，它们的国际登录权已被其他国家先行获取。

在着手梅花国际登录工作之前，外公已深耕花卉研究长达半个世纪，尤其专注于梅花与菊花领域。他不仅撰写并出版了众多专著，还多次荣获国家级的科技进步奖，这些著作在创立"植物二元分类法"及梅种分类体系的基础上，以图文并茂的形式全面展示了中国梅花的魅力，为后世研究提供了宝贵的资料。其中《梅花品种图志》更是受到学界的广泛赞誉，被誉为继范成大《梅谱》之后又一系统介绍梅花的专著，其学术价值不言而喻。

此外，外公与我的导师张启翔教授长期致力于抗寒梅的研究，"南梅北移"项目成果极大地丰富了梅花家族的种类，也为梅花在国际上的传播与推广奠定了坚实的基础。这些研究成果与实践经验，都为后来的梅花国际登录权申报工作提供了有力的支撑。

问：梅花国际登录权的成功获取，为中国的花卉事业带来了哪些影响？

答：陈俊愉院士在 1998 年获得了国际园艺学会授予

的"国际梅品种登录权威"任命，当时他已年过八旬。获得国际登录权，意味着梅花在国际上有了统一的名称。记得我在美国做访问学者期间，当地人看到梅花，竟称之为"爆米花树"。如今，梅花在世界上已拥有了统一的名称——Mei。此后，桂花、蜡梅、海棠、竹、枣等栽培植物也相继获得了国际登录权。

问：在我国大江南北都可以看到梅花的身影，那么在研究工作中，让您印象最深刻的事情是什么呢？

答：应该是长达半个世纪的"南梅北移"工作。中国历来有咏梅的传统，中国人有梅花情结，而且"雪"和"梅"的意象往往是联系在一起的，这是我们民族精神的一部分，但是这种理想化的场景在现实中是很难见到的，因为北方的冬天温度低至零下二三十度，梅花基本不能越冬。从元代开始，北京就尝试大面积栽种露地梅花，但始终没有成功。

外公与张启翔教授等科研人员，在六十年代陆续加入到这一课题的研究中来，终于使得研究有了突破性进展。他们不仅成功解决了梅花的耐寒问题，还培育出了很多新品种。因此，每年 12 月到 6 月，由南到北，祖国大地到处都能看到盛开的梅花。

然而，他们又面临新的问题，即抗寒梅香味消失，这成为外公晚年的心愿。一次偶然的机会，我和导师通过杂交成功培育出首个兼具梅花典型香味与抗寒性的新品种，该品种继承了"北京玉蝶"的香味基因。这次的成功获得了外公的肯定，他以我和导师名字的谐音，将其命名为"香瑞白"。

尾声：结束了对陈瑞丹教授的采访，我的心情有些复杂。老一代科学家的精神品质，不仅是我个人的精神支柱，更是我们这一代人应当秉持的宝贵财富。未来我会努力将这些精神内化为我个人的信仰和动力，外化为我的行动和实践，为科学传播事业贡献我的一份力量。

作者 分享

你所不知道的园艺植物『国际身份证』

植物的国际登录权是鉴别、判定花卉植物知识产权（发现权和培育权）的母权，是现代花卉园艺产业中最重要的基础之一，被看作花卉园艺植物的"国际身份证"。不同于行政管理层面的植物品种审定和法律层面的植物新品种权保护，国际登录权是一种倾向于学术层面的命名权规范。在全球范围内通过研讨会、出版物、科学合作和知识转让，促进园艺领域中各个学科的发展。

获得登录权的意义是什么？获得登录权的品种将获得在全世界通用的名称。以我国为例，获得国际登录权的植物将在国际上拥有使用汉语拼音标注植物名称、自由交易及新品种注册的绝对权威。今后任何国家和地区育成该植物的新品种，都须经过我国鉴定批准，方可进入国际市场。一个国家获得的植物品种国际登录数目，是其在国际园艺界地位的重要风向标之一。

正如国际梅品种登录权威陈俊愉所说：品种国际登录的主要意义在于让不同的植物新品种有其统一、合法的名称，建立国际统一的品种档案材料，使各国的园艺植物品种名称趋于规范化、标准化，促进各国间科研教学单位、专业协会（学会）及种子种苗公司和生产者之间的交流。这一标准的制定与实施，不仅是加强国际合作与交流的重要前提，而且在学术和专业领域具有深远的影响。

中国传统花卉月季的登录权在美国，山茶在澳大利亚，而菊花、兰花、杜鹃花、莲类在英国。国内最早做出这方面研究和推广的是北京林业大学的陈俊愉院士。

1998 年 11 月，中国梅花界的权威陈俊愉院士及其负责的中国花卉协会梅花蜡梅分会被国际园艺学会命名与栽培品种登录委员会和国际园艺学会执行委员会及其理事会授权，成为梅的国际登录权威，这是我国首次获得国际登录权。如今，北京林业大学张启翔、包满珠教授于 2013 年第六届国际栽培植物分类学研讨会上被确定为梅品种国际登录权威的继任者，继续引领梅花在全球的研究与登录工作。这一任命不仅体现了中国学者在梅花研究领域的持续影响力，也展示了中国园艺学在国际舞台上的重要地位。

几千年来，梅一直在用它独特的品性与寓意激励着人们的精神，装点着人们的生活。纵观古今，梅亦俗亦雅。当人们了解了陈俊愉先生对梅花事业的贡献后，再走进梅园或是到香山碧云寺梅谷踏雪寻梅，感受冬日里的暗香浮动时，不禁会在心里向这位一生耕耘不辍的"园丁"致敬。

专家点评

科学传播中的人物访谈

在科学传播过程中，人物访谈是一种重要的传播形式。通过这种形式，能够从访谈对象那里获取一手信息，以直观而又全面地展现人物的性格特点、思想观点、行为方式和贡献，帮助公众更全面、深入地认识和了解某个人物。人物访谈具有多重的价值和功能，除了传播知识、记录历史、促进交流等传播功能，还具有教育引导、启发思考、舆论影响等社会功能。

这篇访谈以科学家陈俊愉院士的外孙女作为访谈对象，全面、深入地展现了"梅花院士"的学术人生。在整个访谈过程中，访谈目的明确，紧紧围绕陈俊愉院士的梅花登录工作及学术影响、社会价值这一主题展开，通过与访谈对象的交流，获悉了陈俊愉院士的个人学术经历，及其推动中国花卉走向世界的重要的学术贡献。访谈开头对陈俊愉院士的背景进行了详细的介绍，这有助于读者更好地了解访谈对象的学术地位及其对梅花研究所作的贡献，为后续深入讨论打下基础。访谈的内容涉及的专业知识较多，访谈者有意识地引导访谈对象用通俗易懂的语言来解释相关的专业概念，如对"梅花国际登录权"这一大众比较陌生的专业概念的解释。另外，访谈者知道在访谈过程中融入故事的重要性，访谈中穿插了陈俊愉院士的个人故事，如"南梅北移"项目的经历，以及他晚年的心愿等，这些故事增加了访谈的可读性和吸引力。访谈的结尾加入了作者的自我感悟，表达了对陈俊愉院士精神的感悟和对未来工作的展望，这种启发性的结尾能够激发读者的思考，增强与读者的互动性。

访谈美中不足的有两个方面：一是访谈的结构略显松散，问题与问题之间的逻辑关系不够明确；二是对于一些关键性的问题，没有充分展开，致使重点不突出。

总体而言，这是一篇较为成功的人物访谈，内容既有广度也有深度，不仅包括陈俊愉院士的学术成就，还涵盖他的教育理念、对后辈的影响等，全方位展现了陈俊愉院士的风采。

第三章

动物趣多多

禁止投喂

海报设计：申珂　邓晶　陆迎莹　点评：史冬青

在动物园或公园的游览过程中，许多游客习惯性地投喂动物，这一行为不仅对动物健康造成了潜在威胁，而且给管理人员带来了诸多难题。通过赏析这两幅作品，我们可以看一看如何以一种易于公众接受且富有趣味性和故事性的手法来传达"禁止投喂"背后的科学理念。

本节的两幅作品分别荣膺北京市公园管理中心 2023 年科普海报设计大赛一、二等奖的佳绩。

科普海报

《猴哥来了》科普海报
荣获北京市公园管理中心 2023 年科普海报设计大赛二等奖

《禁止投喂》科普海报
荣获北京市公园管理中心 2023 年科普海报设计大赛一等奖

浅谈关于『禁止投喂』
主题海报的创作

　　作为一名在动物园从事科普工作超过 20 年的工作人员，我对投喂动物这种不文明行为感到极为痛心。看似无害的投喂行为，实则潜藏着对动物健康的多重威胁。动物的生理结构和消化机能与人类存在明显差异，当它们摄入人类食物时，很可能就像吞下了一个个"隐形炸弹"，从而诱发各类疾病，甚至可能发生急性中毒。长期过量摄入非适应性食物，犹如给它们的健康套上了沉重的"镣铐"。

　　无论游客的初衷多么纯粹，每一份投向动物的食物，都可能成为它们健康和生活环境的潜在威胁。因此，探寻一条有效制止投喂行为的方法和道路，是我和其他动物园科普工作者长期以来不懈追求的目标。我们尝试了多种办法，如张贴宣传海报、开展线下宣讲、利用媒体进行宣传等。但非常遗憾，大部分措施都存在受众有限、影响力短暂的问题。但我们没有放弃，通过不断地实践与摸索，我们发现科普海报的宣传效果最为显著、时效更为长久。那么什么样的海报才能吸引游客呢？经观察分析，动物园的游客群体主要是亲子家庭和年轻人，有角色、有情节、有故事的海报更能吸引他们，引发他们的深思。所以在创作海报时，我们始终围绕三个问题展开：什么样的主角形象是大众熟知的？讲述什么样的故事能够让大众容易接受？如何将主角和故事结合来实现创新？回答完这三个问题，结果就一目了然了。西游记在中国家喻户晓，一句"猴哥来了"，立刻让人们联想到孙悟空勇斗妖魔的画面。那么，海报中的"妖魔"究竟是谁？它在做些什么？这些问题的答案，都藏在《猴哥来了》海报中。

我们团队的另外一名科普工作人员，还以北京动物园著名的用挂面喂猴的事件为背景，设计了一幅《禁止投喂》科普海报。用社会热点问题作为创作主题能够更好地引发游客的共鸣，让更多人关注投喂动物的问题。

我们北京动物园全体工作人员衷心希望通过"禁止投喂"的科普宣传工作，能更好地传播科学知识，激发公众的动物保护意识，全面提升公众科学素养与文明素质，为动物带来更多的福祉，提供更加安全的生长环境。

专家点评

科普海报背后的故事

我很荣幸能够受邀担任评委，参与由北京市公园管理中心主办的 2023 年科普海报设计大赛。这次大赛汇集了众多优秀且富有创意的科普作品，每一件获奖作品都生动诠释了科普知识与艺术设计之间的巧妙结合和创新应用。

《猴哥来了》和《禁止投喂》科普海报由北京市动物园精心选送，在众多参赛作品中脱颖而出，赢得了评审专家们的一致赞誉。两个作品主题鲜明，聚焦于生动活泼的动物形象和有趣的故事背景，设计理念巧妙而富有创意，吸引了广大游客的关注。

在动物园或公园的游览过程中，许多游客习惯性地投喂动物，这一行为不仅对动物健康造成了潜在威胁，同时给管理人员带来了诸多难题。因此，"禁止投喂"作为一项重要的管理举措和科普教育主题，自然而然地成为本次比赛的核心选题之一。

如何以一种易于公众接受且富有趣味性和故事性的手法来传达"禁止投喂"背后的科学理念，是本次大赛各参赛作品需要着力探索的方向。参赛者们需借助创新的设计思路与表现形式，将枯燥的禁令转化为生动活泼、寓教于乐的故事或互动体验，从而引导广大游客自觉遵守规定，共同维护动物的生活环境与生命健康。

《猴哥来了》精巧地融合了中国传统的剪纸艺术元素，通过鲜明的红黑对比色调，既生动展现了中华传统文化的独特韵味，又基于现代审美视角为观众带来了较强的视觉冲击。该作品在传达主题和科普信息方面展现了出色的教育功能，不仅有效地引导并激发公众对"禁止投喂"等科普主题的关注与理解，而且凭借其富有创意的艺术表现形式，吸引了广大游客的目光，成功地将科学知识以美学化的方式传递给游客，从而达成了科学严谨性与艺术欣赏性的完美结合，彰显出科普传播的创新价值与深远意义。

《禁止投喂》科普海报以社会热点问题作为创作背景，画面充分考虑故事构思及色彩搭配。海报中的挂面被艺术性地塑造为"利剑"的形象，而"鸭子气球"则象征着被投喂的动物，一幕"利剑"即将穿透气球的紧张场景，向游客警示了动物的脆弱性及不当投食行为所带来的严重后果。整个海报选用了醒目的黄色作为主视觉图，视觉冲击力强，能迅速吸引游客的目光，有效提升了信息的传播效力。

在此，我将这两幅科普海报介绍给大家，我们期待作者在今后的工作中持续创新、不断突破，以更加新颖、生动且富有创意的方式来诠释科学，设计制作出更多既能有效传播科学理念又深受大众喜爱的科普作品。同时，我同样期盼更多的科普工作人员在创作实践中能参考以下几点建议：一是在设计前，首先要清楚海报的主题是什么，以及目标受众是谁。这将帮助你决定使用什么样的语言和图像风格；二是根据海报的受众群体来进行创意构思，通过故事情节和趣味性元素提升作品的吸引力。三是在适当的情况下，加入一个明确的行动号召，鼓励受众根据海报的号召采取实际行动，进一步深化科普信息的传播效果。

让我们共同致力于提升科普工作的趣味性、互动性、有效性，让科学普及变得更加深入人心，为推动全社会科学素养的整体提高贡献力量。

小鸳鸯成长记

作品选送：杨奇　林滢珺

点评：史冬青　尹焕楠

　　一个美丽的春天，鸳鸯妈妈终于有了自己的宝宝，多变的天气，狡猾的敌人时刻威胁着小鸳鸯的成长。经过各种艰难险阻，小鸳鸯们终于长大了。他们将要离开鸳鸯妈妈，开启新的生活……

　　如果是你，会选择成为哪个角色呢？是扮演温柔守护幼崽的鸳鸯妈妈，还是萌态可掬的小鸳鸯，抑或是尝试一下"狡猾"的天敌角色？在"小鸳鸯成长记"活动中，孩子们通过角色扮演游戏，不仅能享受到乐趣，更能在互动中悄然爱上科学。

活动教案

小鸳鸯成长记

一、课程概述

本课程以玉渊潭公园东湖湿地保育区为场地，以园内常见的鸟类——鸳鸯为核心开展教学活动。针对小学低年级学生的特点，特别设计了一系列互动游戏，旨在帮助他们通过亲身参与和体验，对食物链这一抽象概念形成初步且直观的认识。

在教学过程中，我们将引导学生扮演小鸳鸯的角色，通过模拟鸳鸯从蛋的孵化到成长的整个过程，深入感受自然环境、亲鸟、天敌及食物对鸳鸯成长的深刻影响。通过这样的角色互动，学生将能够更直观地了解鸳鸯在食物链中的位置、饮食习惯及生活习性等相关知识。

本课程注重培养学生的生态意识。通过了解野生鸟类所面临的各种危害及自然界中动物的生存挑战，学生将逐渐形成保护野生鸟类的认知，增强对生态环境的尊重和爱护之情。

总的来说，本课程通过结合玉渊潭公园东湖湿地保育区的湿地资源和鸳鸯这一生动的教学元素，以游戏互动为手段，循序渐进地引导学生对食物链产生初步认识，为后续生物圈、生态系统等知识点的学习打下坚实基础。

二、学情分析

小学低年级的学生在认知、兴趣、情感和学习习惯等方面都具有一定的特点，他们通常对动物有着天然的喜爱之情。在教学过程中，需要充分考虑这些特点，采用适合他们的教学方法和手段，以达到更好的教学效果。

三、方法与策略

通过角色扮演的方法，让学生在思考角色性格和行为习惯的过程中逐渐了解小鸳鸯，体验鸳鸯的自然成长过程，了解食物链的概念，了解自然界物种之间的关联，探索保护野生鸟类的方法。

引导学生自主决策。学生在角色扮演中的行为决定了小鸳鸯们能否成功存活，面对充满变数且完全由自身行为决定的活动结果，学生能够感受到小鸳鸯在自然环境中成长的不易和存活的随机性。

四、教学目标

1. **科学知识**：一是识别并描述鸳鸯的基本特征及其在食物链中的位置；二是理解食物链的基本概念；三是掌握鸳鸯的主要食物来源，以及食物如何影响其生长和繁衍。

2. **科学方法**：首先通过角色扮演和模拟活动，体验鸳鸯的生活，从而加深对食物链的理解。其次学习观察、记录和分析鸳鸯行为的方法，以培养科学探究能力。最后学习团队合作与沟通的技巧，通过小组讨论和分享来共同解决问题。

3. **态度责任**：培养对自然环境和野生动物的尊重和爱护之情，激发保护生态环境的意识。同时通过亲身参与和体验，认识到生物之间的相互依存关系，学会尊重生物多样性。

五、重点和难点

1. 知识点的游戏化与互动设计的融合。

2. 知识传授与趣味活动的平衡。

3. 课堂管理与掌控：在实施教学时，教师需要展现出强大的课堂组织和管理能力，灵活应对不同学生的反应和表现，并能够及时调整教学节奏和策略，以确保每个学生都能积极参与并从中受益。此外，教师还需密切关注学生在游戏过程中的学习动态，适时进行引导和总结，将游戏体验转化为学生深度学习的动力。

六、教学准备

1. 抽签卡：小鸳鸯、鸳鸯妈妈、老鹰、野猫、暴雨、冷空气等。

2. 角色分配及任务说明见下表。

角色分配表

（教师根据实际情况自行调整并完善）

角色	数量	扮演者	任　务	备　注
鸳鸯妈妈	1	教师	配合角色完成挑战	完成任务，并且确定性格特点
小鸳鸯	10	学生	根据角色的性格特点来完成各个环节的任务。任务完成后，学生需详细阐述执行过程，并表达个人的感受和体会	给自己所扮演的角色起名字，并且确定角色性格特点，积极完成任务
老鹰	1	学生／家长	掠夺	根据卡片提示执行任务

续表

角色	数量	扮演者	任务	备注
野猫	2	学生 / 家长	偷猎	根据卡片提示执行任务
暴雨	1	家长	袭击	根据卡片提示执行任务
冷空气	1	家长	袭击	根据卡片提示执行任务

七、教学过程

环节一：新生（20分钟）

主题：幸福的鸳鸯妈妈

场景：一个美丽的春天，鸳鸯妈妈终于有了自己的宝宝……

1．**教师活动**：发放抽签卡，讲述游戏规则，安排角色，提出要求（必须按照角色性格特点完成任务）。

2．**学生活动**：一是倾听教师的说明，通过抽签拿到自己的角色卡；二是在任务单上填写自己的身份、自己设定的角色性格；三是思考自己的任务和行动方式，发表角色宣言。

3．**设计意图**：介绍游戏规则，分配角色，充分调动学生的积极性，使学生能全身心地投入到角色扮演中。

环节二：破壳（20 分钟）

主题：可怕的暴雨

场景：鸳鸯妈妈在巢里守护着她的宝宝们，但是春天的天气千变万化，冷空气和暴雨随时可能袭来……鸳鸯妈妈尽全力保护鸳鸯宝宝们免受暴雨、冷空气的袭击。尽管如此，鸳鸯蛋还是有可能被冷空气和暴雨带走。

1. **教师活动**：讲解本环节游戏规则。扮演鸳鸯妈妈，同时强调其他角色的身份，说明本环节会淘汰两只鸳鸯蛋。（被冷空气、暴雨抓走则算被淘汰，冷空气、暴雨每次只能抓走一个鸳鸯蛋）

2. **学生活动**：首先靠近鸳鸯妈妈，让自己尽可能存活；其次按照鸳鸯蛋的身份特点和自己设定好的角色性格（胆小、冒险、慌张等）行动；最后在游戏结束时填写任务单。

3. **设计意图**：通过角色扮演和互动游戏，让学生了解到鸳鸯蛋孵化时间是 3～4 月份，这段时间会出现对鸳鸯孵化有影响的恶劣天气，蛋失去妈妈的保护、受冷失温则无法顺利孵化破壳。

环节三：雏鸟（20 分钟）

主题：狡猾的敌人

场景：小鸳鸯破壳了！但是鸳鸯妈妈不得不离开去觅食，老鹰和野猫都想趁这个时候，抓住小鸳鸯美餐一顿……小鸳鸯要在鸳鸯妈妈外出觅食的时候藏起来，避免被老鹰、野猫抓走，直到鸳鸯妈妈回来。被抓走的小鸳鸯会被淘汰。

1. **教师活动**：离开，要求小鸳鸯躲藏起来。

2. **学生活动**：野猫、老鹰的扮演者上场寻找机会，抓走小鸳鸯，两只小鸳鸯被淘汰。鸳鸯妈妈回到鸟巢继续保护小鸳鸯。

扮演小鸳鸯的学生要躲藏起来，不能被抓住；扮演老鹰、野猫的学生要找出并抓住小鸳鸯，且每次只能抓一只，如果小鸳鸯逃脱，同样视为失败；每个学生要尽量让自己的行为符合角色的身份和性格；游戏结束后填写任务单。

3. **设计意图**：通过角色扮演和互动游戏，让学生了解肉食性的鸟类和哺乳动物会捕食雏鸟，从而对食物链形成基本认识。

环节四：亚成鸟（20 分钟）

主题：长大了

场景：小鸳鸯们离开巢穴，一点点探索外面的世界，一切都那么新鲜，有哪些东西可以用来填饱肚子呢？小鸳鸯长出羽毛，走出鸟巢学习觅食，只有找到足够的食物才能顺利长大。

1．**教师活动**：找来各种各样的东西，有水草、蚊子、水果、辣条、老鼠、瓶盖、鱼钩等，要求小鸳鸯从中挑出食物，找到适合自己的食物才算胜利，没有找到的则被淘汰。

2．**学生活动**：根据自己的角色特点迅速找到食物；游戏结束后填写任务单。

3．**设计意图**：通过角色扮演和互动游戏，让学生了解鸳鸯食物链下层的生物，即鸳鸯可以捕食的生物，借此了解鸳鸯所在的食物链和鸳鸯在食物链中的位置。

环节五：成鸟（10分钟）

主题：角色分享

场景：小鸳鸯们经过各种艰难险阻，终于长大了。他们将要离开鸳鸯妈妈，开启新的生活……

1．**教师活动**：引出问题：你最喜欢哪一个角色？引导学生阐述理由。统计存活到最后的小鸳鸯数量，引导学生思考小鸳鸯在成长中的哪个阶段容易被淘汰，让学生总结自己的感受和理解并完成任务单的总结部分。

2．**学生活动**：自己归纳总结小鸳鸯的成长过程，并写（或画）在任务单上。

3．**设计意图**：通过归纳和统计引导学生了解小鸳鸯在成长中的哪个阶段容易被淘汰，体悟小鸳鸯成长的不易。

《小鸳鸯成长记》任务单

扮演的角色	性格特点	我的宣言
危险来临	如何躲避	心得体会
寻找食物	如何选择	心得体会
我喜欢……		我讨厌……
角色评价		阐述理由
对小鸳鸯说		谈谈自己的想法

姓名：＿＿＿＿＿＿＿＿＿　年龄：＿＿＿＿＿＿＿　班级：＿＿＿＿＿＿＿

（仅供教学活动参考）

不容错过的活动教案
——《小鸳鸯成长记》

什么样的作品是好作品？今天主编将与大家分享《小鸳鸯成长记》这篇活动教案的成长过程。

在翻阅众多选送作品后，我偶然间发现了这篇教案。它仅仅占据了两页纸的空间，篇幅之简短，让人一眼便觉与众不同。尽管在字里行间能察觉到一丝不够成熟的痕迹，但其中洋溢的朝气与热情，却令主编不忍将其遗漏。

《小鸳鸯成长记》选自玉渊潭公园杨奇老师的作品。为了更好地完成这篇教案，安排了另一位老师配合修改，以确保这篇教案具有科学性、专业性、创新性和场景化等特点。具体来说，要做到以下三点：

一是课程的逻辑设计。在这一环节，我们需要明确教学活动的逻辑链条，细致梳理每一个教学环节及其与后续环节之间的递进关系。同时，将小鸳鸯的成长过程作为教学线索，巧妙地融入教学活动。此外，还需要清晰地界定教师和学生在各环节中的具体任务，确保教学活动有序进行。

二是内容和栏目的规范表达。我们补充并完善了教案的整体结构，包括重新规划教学活动流程，根据具体教学内容补充教学重难点、教学任务及学习单等关键部分。同时，我们细致梳理并加强了各栏目之间的内在联系，确保教案内容系统连贯。此外，还对各栏目的内容和名称进行了规范化处理，以提升教案的专业性和可读性。

三是突出教学活动的特点和亮点。开放课堂是这篇教案的一大特点。为了成功打造开放课堂，强调教学的开放性、创新性和学生的主体性，并在教学过程中引导学生主动思考和总结，我们汇集了很多富有创意的想法，并进行了反复的修改与完善。

学校、社会和家庭协同育人是当前教育领域的重要理念，它不仅是《全民科学素质行动规划纲要（2021—2035年）》中对教育工作的明确要求，也深刻体现了全社会对青少年全面发展的高度关注和深切期望。特别是在当前"双减"政策的大背景下，科学传播从业者更应积极探索如何在有效减轻学生课业负担的同时，做好科学教育的加法。

专家点评

《小鸳鸯成长记》点评

一堂生动有趣的科普活动课程，离不开精心策划的活动教案。为了让学生真正成为课堂的主人，要顺应学生的成长特点，关注学生的个体差异。这是每一位老师，尤其是校外科技教育工作者，都在不断追求的目标。为了实现这一目标，需要教师拿到教案之后在实践活动中不断打磨、完善和创新。只有这样，我们才能为学生提供更加优质、有趣且富有成效的活动课程。

从事科学传播工作多年，当我看到《小鸳鸯成长记》这篇教案时，我看到了年轻教师的时代性和多元化。他们紧跟科技教育新趋势，善用多媒体，关注热门话题，以及采用多样化的教学方法和评价方式，同时注重情景的融合。这些好的教学方法、手段都非常符合新时代背景下，做好科技教育工作的新要求。

对于这篇教案，我们可以从以下几个方面品鉴：

第一，学生成为课堂的主人。在教师的引导下，学生真正成为课堂的主人，参与学习，收获知识，总结成果。在此过程中，教师也同步完成了教学任务，并在最后进行总结提升。

第二，场景化课堂的探究。走出学校，来到公园，学生的目光一定会被小动物们吸引。整个课程创造的是沉浸式学习环境，使学习变得更加生动有趣。教师结合精心设计的活动教具，将场景化的课堂设计与互动式的教学模式进行了一次有趣、有效的结合。

第三，流行元素融入其中。教师提供可以进行角色扮演的剧情，和学生一起走进情境。学生的思考方式随着活动过程的进行而改变，同时推动着剧情的变化。

第四，开放式教学引入不确定性。这堂课的教学过程中存在一些不确定性，这种不确定性代表着问题、情境或答案的非唯一性和多样性，而开放式教学正是强调学生的自主性、探索性和创新性。这两者的结合为学生提供了一个更加广阔和灵活的学习环境和知识视野。

两位不同专业、不同领域的年轻教师，基于该教案进行了一次非常有意义的合作，助力学生科学梦想的起飞。

在该教案的落地实施过程中，教师们可以通过活动形式的不断创新，充分调动学生的积极性和主动性，激发他们的学习兴趣和探究欲。面对年龄较小的学生，让他们在学中玩，玩中学，同时强调反思和总结。这不仅有助于学生的个人成长，还能为他们未来面对复杂多变的社会环境奠定基础。

「羽」众不同

作品选送：姜天垚　许蕊　点评：王玲

　　鸟类的羽毛，千姿百态、与众不同，宛如大自然的艺术品。羽毛，或艳丽绚烂，或素雅清新，呈现出千变万化的色彩和图案。通过本课程，让我们一起探索羽毛的世界吧！

活动教案

『羽』众不同

一、课程概述

本课程以"羽毛"为主题，通过一系列丰富多彩的活动，带领学生走进羽毛的世界。旨在引导学生了解羽毛的结构、特点、作用及羽毛在生物进化中的重要地位。鸟类的羽毛，千姿百态，与众不同，宛如大自然的艺术品。它们或艳丽绚烂，或素雅清新，呈现出千变万化的色彩和图案。这些羽毛不仅为鸟类提供了保护和保暖的作用，更是鸟类独特的身份标识和求偶的信号。每一片羽毛，都承载着鸟类生存的智慧和生命的奥秘。为了让教学活动丰富、有趣，以"羽"字在甲骨文中的象形意义为起点，引导学生开展对羽毛外形特征的观察和思考。在教学活动中使用放大镜，让学生对羽毛进行观察，从而培养他们的观察能力和科学探索精神。从文字到艺术，从物理学到生物学，引导学生从多角度开展对羽毛的探究性学习，感受大自然的奇妙。

二、学情分析

小学高年级的学生正处于认知发展的关键阶段，对周围事物充满了好奇心和探索欲。关于羽毛，他们可能已经有了一些初步的认识，比如知道鸟类有羽毛，但对于羽毛的具体结构、作用及其在生物进化中的重要性等，了解并不深入。

这一阶段的学生已经具备了一定的观察能力和绘画基础，他们能够通过观察实物、记录观察结果等方式，深入了解羽毛的结构和特点，同时能够运用他们的想象力和创造力进行绘画创作。

在情感态度方面，小学高年级的学生开始形成自己的价值观。他们渴望通过学习和探索，不断扩展自己的知识视野。本课程的学习，不仅可以满足他们的好奇心和探索欲，还可以激发他们对生物学的兴趣，培养他们的科学探究精神。

三、教学目标

1. 科学知识：认识羽毛的基本结构和特点，理解羽毛作为鸟类特有结构的复杂性和多样性，继而认识到羽毛在鸟类生存中的保暖、飞行辅助、保护等功能。区分并理解不同种类羽毛的结构差异与它们各自适应的生态环境之间的科学联系。

2．**科学思维**：观察羽毛结构并分析其功能，运用逻辑思维形成科学推理；提出假设，尝试设计实验验证，培养创新思维和问题解决能力。

3．**探究实践**：使用教学辅助用具进行细致观察，并将观察结果准确绘制出来。同时设计并实施将羽毛浸水后的实验，培养探究能力。

4．**态度责任**：激发对自然科学的好奇心和探索欲，培养持之以恒的科学探究精神和尊重科学事实、遵循科学方法的科学态度，树立实事求是的科学价值观。

四、重点与难点

1．**重点**：一是通过观察和推理，了解羽毛的基本结构、功能和鸟类生活场景；二是使用教学辅助用具观察羽毛细节并绘制细节图，掌握绘图技巧。

2．**难点**：一是理解羽毛结构与其功能之间的关系；二是学会创意性的表达方式，以绘画形式展示个人对羽毛的理解和想象。

五、方法与策略

1．**实物观察**：提供不同种类的羽毛供学生观察，并通过教学辅助用具带领学生进行深入探究，绘制羽毛细节图，培养学生的观察能力和记录能力。

2．**实验探究**：实验法强调通过实际操作和观察来验证假设或发现新知识，让学生通过观察并记录羽毛的抗水性、形状变化等，加深对羽毛特性的理解。

3．**绘图记录**：引导学生将观察到的羽毛细节通过绘图的方式记录下来，这不仅能锻炼他们的绘画技能，还能培养他们的表达能力和对细节的关注度，也有助于更直观地回顾和分享观察结果。

4．**小组讨论**：通过小组讨论，让学生分享观察结果和想法，培养学生的团队协作和沟通能力。

5．**创意表达**：引导学生根据所学知识，基于想象进行绘画创作，表达个人对羽毛的理解和想象，培养学生的创新精神和审美能力。

六、教学过程

环节一：导入（15分钟）

1．**教师活动**：展示一些甲骨文和汉字（其中包含

"羽"字），组织学生分组，请学生连线。展示"羽"字从甲骨文到简体字的演变过程。提出问题：为什么"羽"字的甲骨文是这样的？它体现了羽毛的什么特点？

2．**学生活动**：尝试将甲骨文和汉字进行正确连线，小组讨论每个甲骨文分别是如何做到象形的。

3．**设计意图**：从文字起源的角度引出"羽"字的由来，引导学生探究羽毛的结构特点。通过有趣的连线游戏，激发学生对课程主题"羽毛"的兴趣，并调动他们的积极性。

环节二：探究（20分钟）

1．**教师活动**：准备不同种类的羽毛：绒羽、鸡的羽毛（公鸡尾毛、普通飞羽）、鸭的羽毛等，带领学生分组用放大镜观察不同种类的羽毛结构，并画出来；尝试用水浸湿羽毛，引导学生观察羽毛是否被打湿，以及水在羽毛上的变化。提出问题：不同羽毛的结构是否存在差异，为什么会有这些差异？

2．**学生活动**：用放大镜观察羽毛，在纸上画出观察到的结构；用水打湿羽毛，记录羽毛沾水前后的触感、形态等的变化。

3．**设计意图**：通过使用放大镜观察不同的羽毛，培养学生使用工具进行观察的能力。

环节三：阐释（15分钟）

1．**教师活动**：引导学生说出羽毛的作用。提出问题：通过观察羽毛的结构，能推测出羽毛有什么作用吗？你们还能想到羽毛的其他作用吗？

2．**学生活动**：总结观察所得，回答：一是羽毛由中空的羽轴和羽枝等组成；二是羽毛很轻，能够保暖、协助鸟类飞行；三是羽毛上附着的油脂，可以防水；四是不同颜色的羽毛可以起到隐蔽或吸引异性的作用。

3．**设计意图**：引导学生根据观察结果总结羽毛的基本功能，展开讨论羽毛结构和功能的直接联系，拓展思考。

环节四：总结（10分钟）

1．**教师活动**：让学生在欣赏羽毛美丽形态的同时，感悟大自然的神奇魅力，思考鸟类对环境的影响。让学生展开想象，画一张以"羽毛"为主题的创意作品，以此实现科学与艺术的跨学科融合。

2．**学生活动**：以"羽毛"为主题，通过绘画的形式进行创意表达。

3．**设计意图**：引导学生通过绘画的艺术形式，以独特的方式传递思想、情感或信息。强调学生的个性化和创新性，引导学生打破常规，以新颖的视角和方式来表达内心的想法。

作者分享

《「羽」众不同》
创作说明

公园是城市中野生鸟类重要的微栖息地，是鸟类求偶、营巢、繁殖、觅食等活动的重要场所。鸟类不但是城市生态系统的主要组成部分，同时扮演着维护生物多样性与促进其发展的核心角色。目前，天坛公园面积为 273 公顷，种植了 300 多种植物，观察记录到的野生鸟类超过 200 种，丰富的自然生态资源为天坛公园开展自然生态类社教活动奠定了坚实的基础。

2020—2022 年，天坛公园科普人员完成了《天坛公园鸟类科普活动的创新与实践》科研课题的研究工作，本课程即为该课题的重要成果。本课程的研发和实施丰富了天坛生态课程体系，有力地促进了馆校之间更深层次、更多领域的合作。

课程紧密结合天坛公园的实际情况，充分利用了天坛公园丰富的自然生态资源。导入环节中"羽"字的甲骨文溯源给课程增加了文化历史气息；带领学生使用放大镜观察天坛公园各种鸟类羽毛的形态、结构和特征，培养了学生使用工具进行观察的能力；课程注重科学性和趣味性相结合，通过生动有趣的语言和实例，以及丰富的图片和视频，将鸟类科普知识讲解得深入浅出；让学生亲身参与体验，激发了他们对鸟类世界的好奇心和探究欲望。

这篇教案先后走进了学校、社区，受到了大家的普遍欢迎，在此过程中，我们深刻体会到馆校合作的意义。教育不再局限于教室，而是得到延伸，这让学习变得生动而富有意义。通过与学校的紧密合作，科普基地增强了自身的社会服务功能，让更多的研究成果服务于公众教育。学校也能从中受益，提升教学质量。这种合作模式促进了学术研究与教育实践的紧密结合，共同推动了社会整体文化素质与科学素养的提升。

著名生物学家珍妮·古道尔说过："唯有了解，才会关心；唯有关心，才会行动；唯有行动，才有希望。"本课程不仅让学生在亲近自然的过程中学到了科学知识，更在文化、艺术、团队合作等多个层面得到了锻炼。我们相信，通过优秀的科普活动，能为学生插上梦想的翅膀，帮助他们丰满自己的羽翼，让他们在知识与探索的天空中自由翱翔。

《"羽"众不同》点评

《"羽"众不同》这份活动教案以其创新性和实用性，为学生带来了一次深入自然、了解鸟类羽毛的独特学习体验。教案让学生在实践中探索，不仅增强了学习的趣味性，也加深了学生对自然科学的理解。

首先，在课程设计方面，条理清晰，内容丰富。从羽毛的基础知识到实践探究，再到对鸟类生态环境的思考，每一步都紧密衔接，构建了完整的知识体系。同时，教案巧妙地将文化与科学相结合，通过"羽"字的甲骨文导入课程，让学生在探究自然的同时感受到中华文化的博大精深。

其次，在教学方法与手段上，教案采用了观察与实践探究相结合的教学方式，让学生在学习理论知识的同时，通过实践加深对理论知识的理解和记忆。

最后，在教学目标方面，目标明确，既注重知识的传授，也关注能力的培养和情感的熏陶。通过实践活动，学生不仅掌握了羽毛的科学知识，还提升了观察、分析和记录的能力，同时也增强了对自然环境的尊重和保护意识。

建议进一步增加对多媒体资源的使用，如羽毛的显微照片、鸟类生活视频等，使教学更加生动有趣。可以在课程中增加更多与羽毛相关的趣味知识问答，如世界上最长的羽毛是哪种鸟的，进行互动提问，以激发学生的学习兴趣。同时，加强实践环节，让学生亲手制作简易的羽毛工艺品，培养他们的动手能力和创造力。此外，课程结束后，可以引导学生进一步了解鸟类和自然环境的知识，拓宽他们的视野和知识面。

相信在未来的教学实践中，《"羽"众不同》将继续发挥重要作用，为培养更多热爱自然、尊重科学的青少年贡献力量。

探寻食草动物角的秘密

作品选送：田蕊　点评：仝赛赛

　　动物园中动物标本种类繁多，没有想到，最吸引大家注意力的竟然是动物角的标本。这些标本不仅仅是简单的展示品，它们与科普展板相结合，展示了动物的形态特征，还揭示了动物的生活习性和生存环境特征，帮助我们更好地了解这些动物。本节课就让我们一起来探寻食草动物角的秘密吧。

活动教案

探寻食草动物角的秘密

一、课程概述

《探寻食草动物角的秘密》是依托北京动物园科普馆展厅资源及动物角教具，通过探究式教学，让学生掌握食草动物角的分类及作用。通过角的假说，引导学生从不同的角度探究动物角的起源和作用，并将所学知识迁移到对角的保护中。同时，通过观察、分析、对比和总结等科学方法，让学生深入探索食草动物角的秘密，培养科学探究能力和团队协作精神。

二、学情分析

课程受众为小学高年级学生，他们对不同生物的特点有了一定的了解，对结构和功能的关系也有了初步的认识。通过学校课程的学习，也掌握了通过观察动物的形态

猜测其生活习性的能力，但对抽象概念的理解和对事物的
归纳总结能力有待加强。

三、教学目标

1．**科学知识**：了解角的分类；了解不同类型角的结构，
知道角的起源假说。

2．**探究实践**：探究角的起源，通过观察、对比、分
析等方法总结角的作用，归纳不同食草动物角的作用。

3．**态度责任**：了解角对于食草动物的重要性，思考
人类活动对野生动物的影响，增强保护动物的意识。

四、重点与难点

1．**重点**：一是食草动物角的分类；二是角的结构和
作用；三是角的起源假说。

2．**难点**：食草动物角的不同结构与其生活习性之间
的关联。

五、方法与策略

本课程充分发挥动物园场馆特色，利用食草动物角的
标本，突出科普场馆的教育价值。采用基于实物的教学体

验，让学生观察不同动物角的特点，将单一的被动式学习转化为探究性学习。在教学中，通过真实案例，有效促进学生的学习迁移，将知识学习扩展到动物保护教育。

课程中主要运用情景教学法、问题探究法来帮助学生理解动物角的特点及其背后的生物学原理；通过观察、分析、自主探究等方式让学生收获相关知识；与生活实际相联系，培养学生关注时事、主动思考的能力；组织课堂讨论与小组辩论，推动学生主动表达思想和情感，加强学生的合作探究意识。

六、教学准备

跳羚、剑羚等食草动物角的标本、连线游戏所用图片和角的教具等。

七、教学过程

教学环节	教 学 活 动	设 计 意 图
环节一： 导入 （15分钟）	教师活动：播放斗牛视频，引导学生说出牛角是牛最具杀伤力的身体部位。接下来展示不同角和动物的图片，请学生把动物和角一一对应，提出问题：这些角分别属于哪些动物？ 学生活动：尝试配对动物和角	通过观看斗牛的视频，调动学生的感官体验，使学生快速进入学习状态。利用配对游戏激发学生的兴趣，让学生带着问题学习后面的课程

续表

教学环节	教 学 活 动	设 计 意 图
环节二: 探究 (10分钟)	教师活动:组织学生分组,引导学生对食草动物角进行初步探究,提出问题:肉食性动物为了捕获猎物,一般都有矫健的身躯和锋利的牙齿,那食草动物如何生存?动物的角是抵御外敌的利器吗?不同食草动物的角在外形上有什么区别?这些角在结构上是否相同? 学生活动:分组讨论角的分类和作用	引导学生初步思考食草动物的角是否有分类、角的作用是什么
环节三: 观察 (15分钟)	教师活动:带领学生观察科普馆展厅动物行为展板,以及跳羚等食草动物角的标本,讲解角的分类和作用,并通过触觉和视觉体验加强学生对不同类型角特点的认识。 学生活动:通过观察,总结角的分类,了解其作用	带领学生观察角的标本,并进行角的分类和作用的讲解。培养学生的观察能力、推理能力,以及将具体事物抽象化的能力
环节四: 猜想 (10分钟)	教师活动:根据角的分类及结构特点引出角的起源假说,引发学生对角的起源的思考。提出问题:为什么动物会演化出角? 学生活动:通过科学探究,了解角的起源假说。对角的起源能够提出合理假设,进而形成自己的观点	让学生了解角的起源假说,激发其对角的起源的思考
环节五: 迁移 (5分钟)	教师活动:由角的结构与作用扩展到对角的保护,通过真实案例调动学生的情感,引导学生思考人类的捕杀对动物的影响。 学生活动:思考人类的捕杀对动物的影响	将已学内容与真实案例相结合,扩展学生的知识面,让学生了解角对于动物的意义和重要性,增强保护动物的意识
环节六: 总结 (5分钟)	教师活动:带领学生回顾总结本节课的知识点。 学生活动:回顾本节课所学知识点,进行反思	了解学生对知识的掌握情况,让学生进一步加深对知识的理解

八、课程延展

课程中可以适当加入一些关于角的冷知识，比如，为什么有的动物会长角，而有的不长？为什么不同动物角的位置不同？引导学生分组讨论这些问题，并引发其深度思考：食草动物角的位置不同是否与其生活习惯和特征有关。

让学生在此基础上发挥想象力，深入探究，以此来拓宽思考范围，培养学生构建知识体系的能力。

作者分享

共同探寻食草动物角的秘密

　　动物是青少年非常喜爱的主题之一。做好动物科学知识的普及，有助于让青少年更好地了解动物，进而增强他们对动物的保护意识及对生物多样性的认识。

　　熊猫、狮子、老虎……选择哪种动物作为课程主角？如何设计课程才能更好地凸显动物园的特色？带着这样的疑问，我们走进了北京动物园。在动物园中我们见到了各种动物标本，没有想到，最吸引大家的竟然是大量食草动物角的标本。当本书的主编团队近距离接触这些食草动物角的标本时，所受到的震撼远超预期。这些标本不仅仅是简单的展品，它们与科普知识展板相结合，展示了食草动物的形态特征，还揭示了食草动物的生活习性和生存环境特征，帮助我们更好地了解这些食草动物。

　　在"双减"政策及新课标颁布的背景下，我们与动物园科普馆的邓老师及其团队的科普老师合作，共同完善了《探寻食草动物角的秘密》活动教案。在教案的设计过程中，我们创新性地将 5E 教学理念与研究性学习相融合。通过引入 5E 教学理念，引导学生主动参与到科学探究的过程中，激发他们的好奇心。同时，我们将研究性学习的方法论融入教案，鼓励学生通过提出问题、收集与分析数据、得出结论等步骤，系统探究食草动物角的奥秘。

在教学中，我们充分发挥场馆优势，进行情景化教学，利用科普馆二层展厅中动物行为的展示及三层展厅内的跳羚、剑羚等动物角的标本作为教学资源。学生能够在观察实物的过程中获得直观的学习体验。正如设计老师所说，"如果离开了动物园科普馆，这堂课就不能算是完整的"。

这种综合性的教学模式，不仅有助于学生掌握科学知识，更能培养他们的科学探究能力、批判性思维及解决实际问题的能力。通过与动物园科普团队的合作，我们期望为学生打造一个寓教于乐的学习环境，让学生在探索与发现中感受科学的乐趣，揭秘科学原理，增强动物保护和生态环境保护的意识，进而提升综合素养。

浅谈《探寻食草动物角的秘密》

来到北京动物园科普馆，漫步其中，你会被众多动物角的标本和科普展板所吸引。这些标本和展板不仅展示了动物角的形态和特征，更引发了人们无尽的遐想：为什么有些动物会长出如此奇特的角？它们究竟在动物的生活中扮演着怎样的角色？

充满好奇心的孩子们所提出的问题更是层出不穷：为什么角会长得这么长？为什么每种动物的角都不一样？角是用来做什么的？为了更好地给孩子们解答这些问题，北京动物园的科普老师开发出关于"食草动物角"的探究课程，这样的课程可以很好地满足孩子们对动物世界的好奇心，引领他们走进一个充满探索与发现的奇妙旅程。

课程充分利用北京动物园科普馆的场馆资源，让学生在真实的场景中观察、思考、探索。通过观察和比较不同食草动物角的形态和特征，学生可以了解到角的多样性，以及它们与动物生存环境的适应性。这样的学习方式不仅丰富了学生的知识储备，更提升了他们的观察力和思维能力。在探索的过程中，学生学会了如何发现问题、提出问题，并尝试通过观察和实验来解决问题。这种探究精神的培养，将对他们未来的学习和生活产生深远的影响，并增强他们对自然与生命的尊重与爱护意识。

因此，《探寻食草动物角的秘密》教案的开发对于学生具有非常重要的意义：

一是理解自然选择的智慧。食草动物的角通常是它们为了生存而进化出来的武器。它们利用角来保护自己免受捕食者的攻击，或者在争夺配偶时展示自己的力量。学生通过了解这些，可以领悟到自然选择的智慧，理解动物如何适应环境，如何生存繁衍。

二是发展科学素养。角的起源假说，让学生知道科学理论提出、验证和发展的过程。这有助于他们理解科学知识不是一成不变的，而是随着新证据的出现而不断修正和完善的。学生可以学会如何评估不同的科学观点，并理解科学共识是如何形成的。

三是培养观察力与探究精神。食草动物角的形态、大小、颜色等特征各不相同，学生可以通过观察来发现这些差异，并尝试探究背后的原因。这种观察和探究的过程，有助于培养他们的观察力、思考力和探究精神，激发他们对未知世界的好奇心。

四是增强生态保护意识。通过课堂内容的迁移，教师将知识传授转变为动物保护教育，利用真实案例让学生认识到物种灭绝就发生在我们周围。这样的教学方法帮助学生深刻理解每一种动物都有其存在的价值和意义，它们共同构成了丰富多彩的世界。这种认识有助于增强学生的生态保护意识，让他们更加珍惜和爱护自然环境，尊重每一个生命。

《探寻食草动物角的秘密》作为一堂成功的课程，充分利用场馆资源，激励学生养成持续探索的习惯。这样的学习经历为学生的终身学习铺设了坚实的基石。而更多类似课程的开发，也将助力北京动物园科普馆转型为公众终身学习的理想场所，贡献其独特的教育价值。

受众

受众是指信息传播过程中的接收者，是传播活动的重要参与者。在新媒体时代，受众的角色经历了显著转变，这一变化体现在身份、特征、意识、行为和价值的多维度。受众从匿名群体分化为具有精准画像的真实个体，他们的意识从被动转为主动，行为从单纯接收信息转为参与信息的传播，逐渐成为信息搜寻者、反馈者甚至内容创造者。这种转变与互联网技术赋权、媒体角色变化和平台用户思维发展密切相关，使"传者"与"受者"界限模糊。

关于鸟类的生态型分析

作品选送：谷会颖　点评：王振祥

　　近年来，随着城市环境治理的成效日益显现，有关鸟类回迁和生态环境改善的新闻频见报端，这不仅反映了生物栖息地因环境好转而逐渐扩大的趋势，也为本课程的开发和设计带来了启发，如何能让我们的学生了解鸟类生态与环境的关系呢？本节课将通过精心设计给大家提供明确的思路和具体的路径。

关于鸟类的生态型分析

一、课程概述

本课程基于对生物多样性中鸟类的研究，以观察鸟类为切入点，引导学生主动参与、乐于探究、勤于动手，运用生态学原理来分析现实社会中的问题，从而培养他们的批判性思维和问题解决能力。

课程涵盖鸟类的生理系统、运动行为、习性及环境适应性等多个方面的内容。为了提升学生的科学素养，我们倡导在生物科学教育中广泛采用探究式学习。期望通过这种方法，逐步增强学生搜集和分析科学信息的能力。在此过程中，我们特别强调对创新思维和实践技能的培养，以期学生在科学探索中不断成长。

二、学情分析

初中生的特点在于他们能够在掌握基本知识的前提下，对事物进行简单的分析。目前，学生已经掌握了生态系统的基本类型及特征、鸟类的分类学知识，以及鸟类身体结构的名称与功能。接下来，需要在此基础上，引导学生构建生态系统内生物与环境相互作用的框架。通过引导学生综合运用所学知识，解决社会实际问题，进一步增强学生的社会责任感。

三、教学目标

1. **科学知识**：在完成观察、对比和综合分析之后，能够辨别鸟类所属的生态类型，并了解它们在特定生态环境下形成的生理特征。

2. **科学思维**：能够运用科学方法分析问题，形成系统化的思维模式。

3. **探究实践**：通过参与有趣的活动，进行观察推理和探究实践，分析引起环境变化的具体条件，归纳影响鸟类生存的关键因素。通过动手进行模拟实验，验证这些关键因素的实际作用，深刻体验科学探究与实践的乐趣。

4. **态度责任**：能体会到生物与环境之间应保持和谐共

生的关系，认识到人类活动可能对环境产生的影响及这种
影响如何波及生物，从而树立保护环境、珍爱生命的态度。

四、重点与难点

1. 测量鸟类的身体结构。

2. 探究鸟类的生态类型在其身体结构上的体现。

3. 分析鸟类的不同生态类型与鸟类身体结构之间的
关联。

4. 探讨环境变化对鸟类产生的影响，并分析其原因。

五、方法与策略

围绕"多样性的环境"与"鸟类的多样性"这两条主
线，本课程运用观察、分析、测量及归纳总结等科学方法
让学生自主总结科学知识。教会学生运用科学研究方法，
测量不同鸟类身体各部位的尺寸，归纳鸟类身体的具体特
点，最终探讨它们是如何适应生存环境的。

六、教学过程

环节一：导入（10分钟）

1. **教师活动**：引导学生对图片进行观察并提出问题，

认识到生物与其生存环境的联系。导入环境如何塑造鸟类习性及鸟类的适应策略的相关知识，让学生了解生物与环境的相互作用。

2．**学生活动**：观察图片，逐一回答教师提出的问题。

3．**设计意图**：引出下一环节的活动。

环节二：猜想（10分钟）

1．**教师活动**：展示或分发阅读材料，引导学生思考不同种类的鸟选择在特定环境中生活的原因。

2．**学生活动**：根据已有的知识和经验，对未知的现象或问题进行假设性地解释或预测。基于观察和思考，提出自己对问题或现象产生的原因的猜想。

3．**设计意图**：锻炼学生的思维能力，引导他们提出关于鸟类种类与生态环境关系的初步假设，培养学生科学探究的兴趣和习惯。

环节三：探究（15分钟）

1．**教师活动**：在展示不同鸟类的剥制标本后，组织学生分组，并引导他们观察和比对这些标本。在观察过程中，引导学生特别关注鸟喙的形态、体型的大小、羽毛的色彩及腿部的长度等多个方面。同时，运用科学方法描述鸟类的形态特征，对鸟类身体的各个部位进行测量，分析它们的身体构造。

要求学生记录测量数据，将观察和实践过程系统地整理和记录，从而更全面地总结各类鸟的特征。

2．**学生活动**：认真观察并展开讨论，对鸟类身体的各个部位进行测量，用表格呈现测量结果，将其进行展示。

3．**设计意图**：通过观察和分析鸟类的特征，引导学生掌握科学方法。通过动手测量，让学生比对不同鸟类之间特征的差异。

环节四：阐释（15分钟）

1．**教师活动**：引导学生找规律，分析测量结果。通过展示图片，让学生识别这些鸟类所处的生活环境和独特性，总结不同鸟类的生态类型差异，如涉禽、游禽等。并分析这些差异背后的原因。

2．**学生活动**：找到规律，分析鸟类不同的功能特征能帮助它们适应多样化的生存环境。同时，归纳出每种鸟类生活环境的特有属性，识别这些鸟类独有的特点。

3．**设计意图**：激发学生主动思考，引导他们主动总结鸟类特征与生态环境之间的关联。

环节五：总结（10分钟）

1．**教师活动**：展示系列图片及相关资料，以北京城市绿地（包括口袋公园）为例说明北京城市景观的变化，强调城市绿化建设如何成功吸引众多鸟类来此栖息，进而引导学生思考并讨论对鸟类与环境相互影响的见解。在此基础上，发起推进生态文明建设、促进人与自然和谐共生的倡议。

2．**学生活动**：积极讨论，独立思考，分析反馈，并记录鸟类受环境的主要影响点。

3．**设计意图**：引导学生深度思考，运用所学知识分析现实案例，最终完成总结。

七、教学反思

本课程活动重点突出，以生态要素为线索，贯穿整个内容设计，引导学生观察鸟类适应环境的特有方式，理解鸟类在生态系统中的角色定位，以及场馆建设对鸟类生存环境的潜在影响。活动结构紧凑，逻辑清晰，条理性强。

借助北京城市绿地（包括口袋公园）的实际案例，巧妙地将鸟类的生活习性与环境变化的关联性展现出来，有力地强调了保护生物栖息地以保护生物多样性的理念，实现了对知识点的高效整合。

但在教学实践中，仍发现一些不足，现分析原因，并总结改进办法，如下表所示。

教学反思与改进办法

序号	不　足	原　因	改进办法
1	让学生在教室环境中做实验，使他们对实际环境的体验不够深刻	受实际条件限制	带领学生实地考察，身临其境地感受和观察
2	一些学生存在对已学知识遗忘的情况	活动之间的间隔时间较长，因此需要在日常学习中加强巩固	在课程设计中，应增加复习环节，并尽可能融入与学生已有知识相关联的内容

作者分享

《关于鸟类的生态型分析》创作说明

在开展以生物多样性为主题的课程时，虽然教师们的活动内容更多聚焦于植物，但学生往往对动物有着更浓厚的兴趣。这源于他们的好奇心、同理心、想象力及对自然的亲近感。

在选择教学素材时，我们需要找到那些既能引起学生兴趣又紧密贴合他们日常生活的内容。经过对各种素材的评估，我们发现鸟类是一个极佳的研究对象。鸟类种类繁多，且易于观察和学习，这使其成为开展教育活动的理想主题。

关于本教案，我重点做了以下构思。

一、有依据和支撑

每年的国际"生物多样性日""爱鸟周"及"世界地

球日"等，为宣传生态保护、分享科研成果及展示相关数据提供了机会，为以保护地球生态环境和维护生物多样性为主题的教育活动提供了坚实的背景支撑。

二、有特点

1. 适应性：课程在设计时保持灵活开放，既适合在校园内部开展，也能在周边环境实施，对场地条件要求不高，具有较强的适应性。

2. 场景化：紧密贴合学生的日常生活，旨在增强学生的参与感与共鸣，助力学生构建知识的连贯性，深化应用。

3. 目标性：明确目标且贯穿始终。运用量化的评估工具，引导学生构建逻辑严密的分析框架。

4. 完整性：课程流程的完整性，不仅使学习活动成为交流和实践的平台，更为学生的自我提升与合作能力的培养提供了宝贵契机。

三、有重点

1. 结构紧凑，逻辑清晰，以生态要素为线索，贯穿整个内容设计。

2. 利用具体可量化的指标（如鸟类身体各部位的长度）来量化观察到的现象。

3. 将鸟类的身体结构特征与生态环境类型的多个知识点紧密融合。

4. 积极鼓励并辅助学生依据实际情况分析问题成因，促进理论知识向实际应用的转化。

近年来，城市环境治理的成效日益显现，这不仅反映了生物栖息地因环境好转而逐渐扩大的趋势，也为本次活动课程的开发和设计带来了启发。引导学生将所学知识应用于实际生活，去解析社会现象背后的问题，培养了学生的社会责任感、使命感和认同感。

专家点评

『生物多样性』主题教学 促进学生综合素质的提升

本课程以学生为主体，以生物多样性为核心，以实践为导向，以鸟类观察和测量为载体，教师追求的不仅是知识的传授，更是学生综合素质的全面提升。

为了提升整体教学质量，在开展教学时，建议根据场景和教学时间对部分环节进行调整，以丰富课程内容，增强吸引力，提升教学效果。

从提升学生学习兴趣的角度出发，课程开始前可增设一场"鸟类故事会"。鼓励学生分享自己与鸟类之间的小故事或独特发现，这样既能唤醒学生内心深处对自然的好奇与热爱，又能为教师提供宝贵的反馈意见，让教师充分了解学生现有的知识水平和兴趣点，为后续课程的个性化设计打下基础。

从提升学生科学探究能力的角度出发，可以组织实地考察活动。带领学生前往自然保护区或鸟类观测点，在专业指导下使用望远镜、鸟类图鉴等工具，亲身体验观察鸟类的乐趣。结合观察结果，分析鸟类适应环境的生理特征，探讨不同生态环境对鸟类种群的影响，这样可以让学生在探索中学习，在学习中成长，将抽象的生物知识与生动的自然现象相结合，更能提高学习效率。

从增加动手实践能力的角度出发，可以加入制作鸟类模型的环节。学生可以小组形式模拟鸟类结构，设计并制作鸟类模型，设计时要充分考虑鸟类的飞行机制、捕食情况等。通过动手实践，学生能在解决实际操作中遇到的问题时，加深对鸟类适应性特征的理解，同时激发创新思维，提高团队协作能力。

课程设计中的每一个环节，都旨在通过观察鸟类这一窗口，引导学生走进生物多样性的世界，培养他们的科学素养和环保意识，最终促进学生全面而有个性的发展。

信息茧房

信息茧房指的是人们在互联网上倾向于只接触与自己观点相符的信息，从而陷入信息同质化的陷阱，这一概念由美国学者凯斯·桑斯坦在其著作《信息乌托邦——众人如何生产知识》中首次提出。他认为我们只聆听那些我们选择和令我们愉悦的内容。个体在网络环境中选择性地接触信息，是基于有限理性的，即人们倾向于选择那些符合自己预期和兴趣的信息，同时远离那些可能引起认知不协调的信息。在特定条件（如人、地点或时间）的影响下，个体的信息选择心理会被激发，导致他们只获取支持自己信念或满足自身偏好的信息，构建起一个同质化的信息空间。这种信息茧房不仅影响个体的情绪和认知，还可能在群体和社会层面产生更广泛的影响。

回家——寻找理想家园

编剧：史冬青　点评：弘屿

　　小动物们原本过着无忧无虑的生活，然而突如其来的灾难打破了这份宁静。无情的天火席卷了整片森林，导致鸟儿们失去了自己的家。勇敢的雏鹰和森林中的小伙伴们决定寻找新家。最终，小动物们能否克服困难，找到它们的理想家园呢？让我们走进科普剧的世界吧。

回家——寻找理想家园

角色介绍

小飞：勇敢的雏鹰

松鼠妈妈：受大家爱戴的松鼠

多多：忧愁的鱼

树爷爷：智慧树神，森林的守护神

晶晶：多疑的猫头鹰

小贝：贪吃、胆小的刺猬

咚咚：传闲话的啄木鸟

淘淘：一条小鱼，多多的好朋友

第一幕　没有家园，我们去向何处

【大火之后的森林里，动物们在水塘边，围绕树爷爷集结在一起，大家神色凝重，满脸悲伤，忧心忡忡。】

小贝：树爷爷，我害怕。（紧张的小贝，把身体紧紧地蜷缩了起来）

松鼠妈妈：是啊，树爷爷，您看这可怎么办，连续不断的雷声，把孩子们都吓坏了。

大家：怎么办，这可怎么办？

【形如枯槁的森林，干燥至极，仿佛出现一点星火便能燃起熊熊大火，将整片森林变成满目疮痍的废墟。天空中炸雷滚滚，如同战鼓擂动，为这场潜在的灾难奏响了悲壮的序曲。这片森林里，无论是参天的古树还是新生的幼苗，都在这肃杀的气氛中显得那么脆弱，仿佛随时都可能被摧毁，令人心生恻隐。】

树爷爷（愁眉不展）叹道：希望小飞可以带来一些好消息。

小飞：（急匆匆飞回）大事不好，树爷爷，这可怕的天雷和闪电，把大火也带到了我们的家园。在靠近山那边的地方，熊熊大火正在吞噬古树和幼苗。

咚咚：（慌慌张张）大事不好了，树爷爷。大火，大火，把很多小动物的家园烧毁了，它们四处逃散，在路上，我看见乐乐，我告诉它，我们在这里，可是……

晶晶：就是那只整日叽叽喳喳的小鸟，经常打扰我的好梦。

小贝：就是那只唱歌很好听的小鸟。

咚咚：对，就是它。它哭着说，无情的大火不仅带走了家园，她可爱的妹妹也不见了……

松鼠妈妈：天哪，到底发生了什么可怕的事情！

大家：到底发生了什么事情？要如何渡过这可怕的灾难？

【紧张的气氛继续牵动着大家的心情】

多多：（惊慌失措地游过来）树爷爷，大事不好了。

松鼠妈妈：发生了什么事情，孩子，别害怕，慢慢说。

多多：你们还记得淘淘吗？

小飞：就是那条喜欢在岩石下吐泡泡的小鱼。

小贝：就是那条无忧无虑、自由自在的小鱼。

多多：对，就是刚才，淘淘告诉我，湿地附近被人类占领，那里的水质已被污染，他让我告诉大家，一定要远离。

咚咚：难道没有接到我发的通知？

多多：收到了，但是它不听我的劝告，执意要去找它的家人。（多多担心得哭了起来）

树爷爷：看来形势不容乐观，大家千万不要离开这里，不要慌乱，不要灰心，一定会找到解决的办法。我们的地球经历了无数次的灾难，这次，也终将会过去。

合：

什么样的事情已经发生？

什么样的灾难将要降临？

什么样的事情已经发生？

什么样的灾难将要降临？

第二幕　为了生存，寻找理想家园

【五个月过去了，秋天已经过半，大家看着面前仅剩不多的食物和越来越少的水源，陷入了沉思，寒冷的冬天不久将会到来】

松鼠妈妈：小贝，你的果子，都快变成果干了吧。

小贝：哎，果干也所剩不多。

松鼠妈妈：水也日渐干涸，我们该怎么办？我这里还有一点松果，小贝，你拿着。

小飞：不能坐以待毙，我去探探外面的情况。

树爷爷：小飞，这样吧，这件事我也思考了很久。多多、咚咚和晶晶，你们一起去，相互关照，早去早回。

【就这样，森林的小勇士们，为了生存，不畏艰难，勇敢地出发了】

小飞：多多，我们一起寻找水源，晶晶和咚咚，你们飞到森林边缘，看看灾后的情况。最后我们在工厂附近的小河边集合。

多多：不知道淘淘是否还在……

晶晶：放心吧，淘淘运气好，又机灵，一定会没事的。

咚咚：放心吧，你们的路比较远，我们在小河边集合。

小飞：大家小心。

【晶晶和咚咚看着多多和小飞离开的背影】

晶晶：咚咚，好困啊。

咚咚：晶晶，你知道吗，森林的大火有多可怕，现在想起来，我还瑟瑟发抖。我这一身漂亮的羽毛，差一点就糊啦。

晶晶：哎，我现在是又困又饿，听你这么一说，我更害怕了。

咚咚：你是没有经历过，不仅如此，人类也很可怕，他们喜欢吃烧烤。

晶晶：那是什么？

咚咚：就是把你烤煳了，吃下去，人类把这叫作"野味"。

晶晶：野味？烤煳了吃？为什么不吃新鲜的食材？人类的口味很重，比较独特，无法理解。那你说，这大火之后，森林岂不成了人类的梦想餐厅？

咚咚：有道理，不好说。那咱们这次岂不是羊入虎口，一去不复返？

晶晶：有道理，不好说。

晶晶和咚咚（心领神会）：树爷爷说，安全第一。

晶晶：找个地方——睡觉。

咚咚：明天，咱们在小河边和小飞会合。

【晶晶、咚咚下场】【小飞和多多上场】

小飞：多多，我们一路走来，没有什么可疑的事情发生。

多多：不仅没有可疑的事情，而且水质也没有被污染。

小飞：会不会是淘淘，在骗你。

多多：不可能，我从来没见过淘淘如此绝望，如此难过。但是，我们走了这么久，我没有见到大家说的恐怖和荒芜的景象，也不知道晶晶他们怎么样。

小飞：期待他们也和我们一样幸运。

【似乎一切都变得异常顺利，多多和小飞顺着小河走着】

小飞：你仔细看看，河水是否发生了什么变化？

多多：嗯，没有，清甜的河水洁净无比。哎，你看，树上是什么？

小飞：一间间小木屋，这不是小鸟的房子吗？可是并没有见到小鸟啊。

多多：好奇怪，看，远处是谁？

小飞：快躲起来。

【淘淘从远处欢快地游过来，多多开心地叫住它】

多多：淘淘，是你吗？

淘淘：多多，太棒了，终于找到你们了。

多多：淘淘，你不是……（喜极而泣）没想到，我们还能见面，太好了！

淘淘：上次我们分开后，我奄奄一息，后来被人类救了，你们看，我现在完全好了。

小飞：淘淘，你太幸运了，你要去哪里？

淘淘：幸运的不仅是我，我正要去找你们，找树爷爷，告诉大家，不要害怕，人类没有我们想象中的那么恐怖，他们意识到了自己的错误，正在用实际行动做出改变，努力修复和保护环境。那个污染水源的工厂已经被关闭了，并受到了严厉的处罚，而且被要求必须净化水源，恢复生态。

小飞：太好了，看来我们也要改变对人类的看法了。对了，这一间间小木屋是怎么回事？

淘淘：事情是这样的，离这里不远的地方，有许多科技社团的学生，他们得知因为春季的森林火灾，许多小动物无家可归，尤其是小鸟损失惨重。于是他们发起了"让鸟儿们回家"的主题公益活动。

多多：那这些漂亮的小木屋就是小鸟的家了。

小飞：这简直太棒了，我要告诉树爷爷和森林的小伙伴们。

树爷爷：我们都听到了……

大家都开心地笑了起来。

小飞、多多（面面相觑）：发生了什么？

松鼠妈妈：咚咚、晶晶，你们不要躲了……

小贝：你们自己解释吧。

【咚咚、晶晶被大家推到前面】

咚咚：当时，我们非常害怕，分析了一下形势，觉得，还是躲起来靠谱儿。

晶晶：嗯，先休息一下，我们不想变成烧烤。

【大家大笑】

小贝：你看，人类为我们建造了那么多房子。

多多：还有洁净的水。

树爷爷：看来，人类终于明白与自然和谐共处的重要性了。孩子们，你们做得很好。

晶晶：咚咚，以后你再也不许说人类的坏话了。

咚咚：你以后也不可以睁着眼睛说瞎话。

松鼠妈妈：真好，我们再也不会无家可归了，我们要成为人类的好朋友。

小飞：我在想，什么是我们的理想家园。我们和人类共同居住在这个美丽的星球，随着我的长大，我的翅膀越来越有力量，每当我越飞越高的时候，就会发现，人类也是地球的生灵，我们可以和谐共处，共同守护我们的理想家园。

大家：对，共同守护我们的理想家园，那就是地球的绿水青山。

合：

　　　　什么样的事情已经发生？

　　　　什么样的灾难将要降临？

　　　　　可怕的事情没有发生，

　　　　突如其来的灾难已经过去，

　　　　　怀揣希望，面对未来；

　　　　曾经的磨难，让我们更加坚强；

　　　　　走出困境，我们再不孤独；

未来的路，我们定能勇敢前行。

【尾声】

树爷爷：孩子们，欢迎走进森林之心《心脏跳动的声音》。听，没有了之前的无助，是鸟儿婉转悦耳的歌声，仿佛是大自然的和谐旋律，是多么的让人陶醉；听，那溪水潺潺流淌的声音，宛如一首轻柔的乐曲，洗涤心灵，带来宁静与平和。

松鼠妈妈：谢谢小飞，是你的坚持，让我们找到了新的家园，让小动物们不再害怕人类，可以在和平美好的环境中，健康快乐地成长。

小贝：人类朋友们，你们的每一次关注，每一次行动，我们都懂得，让我们共同守护这个星球的每一寸土地、每一条河流。因为，在这个世界上，每一个生命都值得被尊重和呵护。请关注我们，守护我们共同的地球家园！

台下的小观众们，举牌呼吁：

"跟随小动物的脚步，探索和谐共生的地球家园。"

"天火无情，人间有爱。守护小动物，共筑绿色家园。"

"河流不再清澈，但我们的心依旧纯净。加入我们，为小动物寻找新家。"

"勇敢的雏鹰，坚定的信念。人与自然，携手前行，共创美好未来。"

"灾难虽无情，但爱与希望永存。为小动物点亮回家的路，守护我们的地球村。"

…………

【欢快的音乐响起】

（字幕）在人类的努力下，森林重新焕发了生机。小动物们和人类一起，共同守护着这片美丽的家园，谱写着和谐共生的新篇章。

【全体动物欢呼，幕落】

作者分享

《回家——寻找理想家园》创作说明

《回家——寻找理想家园》是一部面向孩子的科普剧本，为了更贴近受众的心声，我在创作过程中走进北京某小学环境科技社团，征集了孩子们的意见和建议。调研中发现，孩子们不仅对科学怀有极大的热情，更对生态环境抱有深深的敬畏与爱护之心。

该剧通过小动物的视角，讲述了一个发生在森林中的故事。森林中的小动物们原本过着无忧无虑的生活，然而突如其来的灾难打破了这份宁静。无情的天火席卷了整个森林，导致小动物们失去了自己的家。更为严重的是，由于人类的过度活动，河流遭受了严重污染，小动物们的生存环境因此变得日益艰难。面对接连不断的打击，一只勇敢的雏鹰和森林中的小伙伴们，始终保持坚定的信念和无畏的勇气，决心共同面对困境，寻找新的家园。而与此同时，人类也在焦急地寻找这些失踪的小动物们……最后，他们能否重逢？我们深信，为了保护我们共同的地球家园，人类必须与自然和谐共生。

在剧本创作过程中，考虑到孩子们的特点，我们使用了一些方法降低排演难度。首先，对剧情进行了精简，旨在简化故事线，缩短演出时长。其次，为了方便剧本的传播，我设计的舞美简单易操作，这样不仅提高了舞台布置的便利性，也降低了对场地和设备等方面的要求。最后，在剧情编排时，充分考虑了孩子们的个性和特长，为他们留出了一定的再创作空间，使他们能够在演出中融入自己的理解和表现，从而更好地展现自我。这些举措旨在确保孩子们能够轻松愉快地参与到剧本的排练和演出中，同时培养他们的创造力和表演才能。

科技社团的孩子们，在这里不仅是科学知识的学习者，更是科学精神的传承者和科学知识的传播者。他们以艺术为桥梁，通过丰富多彩的表现形式，将自己对科学的独特见解和深厚情感传递给更多的人。《回家——寻找理想家园》这部作品的呈现，可以增强观众对小动物处境的共鸣，进而激发观众的同理心，使生态环境保护的理念更加深入人心。

《回家——寻找理想家园》
点评

目前，很多学校开展了以科技为主题的特色校园建设，并通过创新活动形式来丰富科学教育。这些活动不仅提升了学生的科学素养和实践能力，还激发了他们的创新精神。科普剧就是一种深受学生喜欢的科学教育形式，也是将科学与艺术融合的一种很好的尝试。

剧目的完成依靠的是团队的力量，这有助于增强学生的团队合作意识。同时，当学生面向观众表演时，他们就成为科学传播的主体。排练和演出的过程中，学生要学习并理解剧目所涉及的科学问题，加深对科学知识的掌握，他们不仅需要理解科学知识的本质，还需要将这些知识以易于理解和接受的方式传达给观众，这无疑将对他们核心素养的提升起到促进作用。值得一提的是，参与创作和演出的是中小学生，而观众也是青少年群体，同龄人之间的沟通和表达会更顺畅，从而达到更好的科学传播效果。

《回家——寻找理想家园》这部作品，从选题到创作手法，从架构搭建到实施难度，都非常符合学校科技社团的实际情况。该作品的编剧创作过多部科普剧，走访了多所中小学和科技场馆，其开源的剧本被进行过多次排练和演出，受到了学生、教师和其他观众的欢迎。该剧本是一篇"命题作文"，源自一所科技特色学校的需求，目的体现人与自然和谐共生的思想，宣传生态环保知识和理念。表演者是小学生，考虑到低龄学生的特点，表演时间不能太长。基于这些情况，编剧事先征求了学生的意见，得知他们喜欢从动物的视角，用讲述故事的方式进行角色扮演，才有了该剧本，这种设计符合学生的认知规律，易于激发学生的想象力和创造力，有助于提升他们的社交技能和情感表达能力，而且这种寓教于乐的方式为学生创造了更多富有启发性和趣味性的学习体验。

对于排练和演出，我提出一些建议：首先，要大胆、积极地进行剧本的再创作，不拘泥于剧本本身。其次，演员要根据自身特点，对台词进行完善和理解。最后，要争取得到专业老师的指导，让作品更加富有表现力和感染力。

总之，要想成功演绎一部作品，剧本只是其中的基础部分，它并不会详细描绘舞台上的所有互动动作，这需要演员、导演和整个团队的共同创作与协作。例如，角色的名字、性格、标志性动作、台词，甚至部分情节，都可以在排练过程中根据实际情况进行灵活调整。我们应充分发挥演员的主观能动性，以丰富舞台表演效果，为观众呈现一场生动、精彩的演出。

沉默的螺旋

沉默的螺旋是指人们在感知到自己的意见占少数且可能受到孤立时，倾向于保持沉默的心理现象，由德国学者伊丽莎白·诺艾尔 - 诺依曼提出。这一理论认为，由于害怕被孤立和排斥，个体在公共场合往往不愿意表达与主流意见相悖的观点，导致占少数的意见逐渐被压制，而占多数的意见则越来越占据主导地位，形成一种螺旋式上升的沉默效应。在互联网时代，这一理论受到挑战，因为网络提供了匿名表达的空间，可能使得占少数的意见更容易被听见，但同时也存在着网络群体极化和回音室效应等问题。沉默的螺旋理论强调了社会心理和群体动力学在舆论形成中的作用，对于理解公共讨论和集体行为具有重要意义。

第四章

博物馆的故事

双环亭有『理』说不清

作品选送：王蕊 林滢珺 点评：常魏巍

　　乾隆皇帝为母亲贺寿而建造的双环亭，是中国历史上著名的双环重檐亭。其造型独特，设计精巧，以双环相扣为特点，重檐的设计更显得气势磅礴。双环亭不仅体现了乾隆皇帝对母亲满满的孝心，更是中国古代建筑艺术的瑰宝，彰显了我国古代工匠的精湛技艺与无尽创意。

活动教案

双环亭有『理』说不清

一、课程概述

走进中国园林博物馆，会发现独具特色的双环亭总是能吸引众多游人的目光。本课程围绕双环亭，基于跨学科融合的设计理念，通过玩游戏、讲故事和探究实践等方式引导学生进行学习。

在教学过程中，以游戏的形式进行课程导入，让学生挑选礼物为母亲贺寿。以双环亭的历史故事为背景，引出本课主题"双环亭有'理'说不清"，同时引出课程线索：乾隆皇帝到底有理还是没理？本课从双环亭的建造历史、艺术价值到中国的"孝"文化，带领学生一起进行探究。古建筑中的亭子千姿百态，这些精巧的木结构能保持平衡与稳定，其背后蕴含多方面的原理，这样，学生在科学探究过程中，自然而然地就掌握了亭子的分类、形态、结构等知识。

二、学情分析

教学对象以小学高年级学生为主。这一阶段的学生往往采用被动学习方式，主动探索意识尚待加强，对直观、具象的内容理解较快，而对抽象概念理解时则感觉较为吃力。

三、教学目标

1. **科学观念**：观察双环亭的外观，了解中国建筑的特征、艺术价值及发展历史，感悟中国传统文化。

2. **科学思维**：在动手操作中深化对知识的理解和应用，促进理论和实践的有机结合。

3. **探究实践**：了解亭子的基本知识，如亭子的分类、结构、框架设计等，组队合作搭建简易亭子。

4. **态度责任**：通过团队合作，提升团队协作能力，培养创新精神。

四、重点与难点

1. **重点**：一是使学生认识到亭子的稳定性及其设计

背后的科学原理，培养学生跨学科学习的能力。二是让学生感受中国建筑之美及其艺术价值，了解双环亭打破常规、大胆创新的设计特点，感受古人的智慧。

2. 难点：一是对于小学生而言，建筑背后的物理、数学等知识较为抽象，需要教师通过多种方式帮助学生理解。二是引导学生基于目标，综合考虑结构强度、材料特性等多个因素，分组设计并制作亭子模型。

五、方法与策略

探究性学习：通过探究，让学生加深对亭子的建筑特点和结构原理的理解，并在实践中应用这些知识。

场景式教学：通过玩贺寿游戏、走近双环亭、讲述乾隆给母亲贺寿献亭的故事等，为学生营造一个学习场景。

合作学习：学会合作完成任务。在小组合作学习过程中，让学生交流讨论，并分享各自的观点、经验和成果。各小组在完成任务后还要进行展示、互评和反思。

六、教学准备

亭子的多媒体教学视频、亭子立体模型、小木棍、雪糕棒、绳子、皮筋、美工刀、纸和彩笔等。

七、教学过程

环节一：游戏导入（15 分钟）

1．**教师活动**：展示 20 件带有不同吉祥纹饰图案的礼物，引导学生分组进行为母亲挑选贺礼的游戏。讲述吉祥纹饰图案的礼物的寓意和中国传统文化。

2．**学生活动**：分组讨论选哪一件礼物，给出选择理由，并选一个发言人，向全班同学和老师说明原因。

3．**设计意图**：引入传统文化，让学生了解古代吉祥纹饰图案的寓意。

环节二：走进展项（15 分钟）

1．**教师活动**：带领学生参观双环亭，讲解双环亭的建筑特征和艺术美学价值，讲述乾隆给母亲贺寿献亭的故事。

2．**学生活动**：走进双环亭，观察双环亭的外观，了解其历史和结构特点。

3．**设计意图**：带领学生了解双环亭的特征，展示我国古人和谐、至孝的传统文化。

环节三：知识讲解（15 分钟）

1．**教师活动**：通过多媒体和模型展示，向学生讲解中国古建筑中的亭子，带领学生了解亭子的相关术语。结合数学、物理知识，介绍亭子的平面柱网和木构架设计等知识。

2．**学生活动**：了解亭子各个部件的名称、作用及其背后力学原理，尝试绘制亭子的平面柱网图、简单的木构架图。

3．**设计意图**：让学生了解并掌握亭子的特点、结构和其中用到的力学原理。

环节四：动手探究（30分钟）

1．**教师活动**：向学生提供材料和工具，要求学生分组设计并制作一个亭子的模型，教师适当协助。

2．**学生活动**：分组领取材料，设计亭子的结构图，并合作搭建亭子模型。

3．**设计意图**：引导学生自主设计亭子，并进行模型搭建，培养学生的设计能力、动手能力、团队协作能力。

环节五：评价总结（15分钟）

1．**教师活动**：首先让学生进行作品互评，然后教师从外观、材料使用、稳定性和创新性等方面对每组亭子进行科学评价。

2．学生活动：团队间互相进行场景测试，对作品进行互评。同时根据互评结果和教师评价，分析本组作品的改进方案，归纳本节课的学习成果与个人反思。

3．设计意图：互评并完成课程复盘，通过分享环节提升学生的阐释能力和反思能力，使学生了解科学评价的方法。

八、教学反思

教师不仅应具备足够的知识储备，对亭子背后的历史文化和科学知识进行深入学习，还应注重课程的趣味性、知识性，加强教学方法的应用和教具的设计与开发，根据学生的不同特点动态调整课堂互动。

《双环亭有『理』说不清》创作说明

每当走进中国园林博物馆室外展区，看到双环亭时，我总有一种冲动，想为学生们上一堂关于双环亭的课。于是，便有了《双环亭有"理"说不清》教案的雏形。

双环亭为什么有"理"说不清，这得说起它背后的故事，首先，我们深挖双环亭的建造历史，发现它是乾隆皇帝为庆贺其母亲的寿辰所建造的，涵盖中国的传统文化。

乾隆皇帝是中国历史上一位杰出的统治者，他在位期间大力推崇儒家思想，特别注重孝道和家庭伦理，形成了独特的"孝道文化"。

他不仅身体力行，尊敬并优待长辈，还为年长者提供帮助和关怀。此外，他通过颁布法令、奖励孝子等方式，鼓励民众践行孝道。

据传，有一年，崇庆皇太后寿辰将至，乾隆皇帝想呈上一份非同寻常的礼物。经过和群臣商议，最终决定打造一座特别的亭子，以此来表达他对母亲的孝心。于是，便有了"双环亭"。

此亭为宫廷建筑师精心设计，其结构别致，双环紧密相扣，亭基宛若寿桃，象征着长寿与吉祥。然而，这份礼物过于贵重，与崇庆皇太后一贯提倡的节俭之风相悖，她非常生气……

可此亭已建成，乾隆皇帝的这份孝心可真是有理也说不清了。虽然这份礼物并未得到皇太后的认可，但是给后人研究中国古代亭建筑留下了非常宝贵的素材。它是中国古人对于结构力学应用的体现，建造如此复杂的亭子需要古人对结构力学有高超的认知。它的设计打破了当时的常规，体现了古人对于科学探索与创新的追求。

教案在创作过程中的痛点和难点是如何将这些复杂的科学知识和中国传统文化进行结合。教案撰写过程中，我们需要对逻辑关系、科学知识及实践活动进行反复的打磨。本课程不仅讲授了力学原理，还让同学们了解了中国古代建筑的特征和相关术语。期待未来在教师们的优化和完善下，这堂课会呈现出更鲜明的特点，取得更好的教学效果。

乾隆的孝心与科学：
双环亭的奇妙碰撞

在我国的历史长河中，孝文化一直是中华民族的精神支柱，其深远的根基可追溯至先秦时期。孔子曾将孝道提升为宇宙间不变的真理，强调孝是天之经、地之义、民之行，从而奠定了孝文化在中国传统文化中的地位。随着儒家文化的传播，孝逐渐成为中国社会的基本道德规范，影响着世世代代的中国人。

乾隆年间，孝文化与科学产生了奇妙的碰撞，这一碰撞体现在乾隆皇帝为表达对母亲的孝心而建造的双环亭上。双环亭不仅展现了他对母亲深厚的孝心，也体现了他对于传统孝文化的深刻理解与传承。

然而，双环亭并非只是一个代表孝文化的普通建筑，它在设计之初就融入了科学元素。

通过《双环亭有"理"说不清》这篇活动教案，我们认识到了将中国传统文化融入现代教学的重要性。

首先，双环亭的结构艺术是中国古典园林建筑美学的一个缩影，体现了对称和自然和谐的原则。通过分析这些美学原则，学生可以学会如何将传统元素与现代建筑科学原理相结合，创造出既满足现代功能需求又深植传统文化的建筑作品。

其次，双环亭的历史传承与创新思维密不可分。在保留双环亭原有的文化意义的基础上，可以启发学生探索如何利用现代科技（如可持续建筑材料、智能化设计等）为传统建筑注入新的活力和时代特色。这种探索不仅是对传统的继承，也是对未来的创新。

最后，跨学科教育在教案设计中占据了重要地位。通过将建筑知识与文学、历史、艺术等人文社会科学内容相结合，可以全面提升学生的综合素养，提高学生解决复杂问题的能力。

因此，《双环亭有"理"说不清》这一教案不仅是对传统文化的尊重和传承，也是对创新思维的鼓励，更是对跨学科教育的强调。

第三人效果

第三人效果是指人们倾向于高估媒体信息对他人影响的现象，由美国学者沃尔特·菲利普斯·戴维森提出。根据这一理论，人们在接触媒介信息时，会预期这些信息对其他人的影响大于对自己的影响。这种认知偏见导致人们认为，某些媒介内容对其他人（如社会中的其他成员）会产生较大的影响，而对自己则影响较小。第三人效果这一理论强调了人们对媒介影响力的主观评估，以及由此产生的预期行为，它在政治宣传、公共意见形成和媒体素养教育等领域具有重要的应用价值。

歪钟趣谈

作品选送：史冬青　杜伟　点评：仝赛赛

　　在中国古代，钟被赋予彰显等级地位的含义。这样一个被赋予特殊意义的器物能和我国历史上有名的人物魏忠贤产生什么样的交集呢？让我们在本节内容中揭晓答案吧！

歪钟趣谈

古钟无疑是中华文化瑰宝中不可或缺的一部分。据发现，新石器时代晚期，随着社会生产力的发展和提高，人们开始尝试制造能发出悦耳声音的器具，至此，早期的陶钟和石钟应运而生。这些形态简单的钟形器物主要用于祭祀仪式和庆典活动。

进入青铜时代后，古钟制作工艺随之跃升至新的高度，其形状规整、纹饰精美。迄今为止，发现的战国曾侯乙编钟，是中国古代音乐艺术的重大成就之一。

在古代，钟的制作难度大且材质珍贵，被赋予彰显等级地位的意义，如在重要的国家仪式等活动中，钟的使用及其规模与规格直接反映了使用者的身份地位和权力。另一方面，在宗教领域，古钟的地位同样举足轻重，比如其在诵经、祈福等活动中经常被使用。钟声传递着人们对精神世界的向往与寄托，有时也被赋予唤醒世人、驱邪避凶等意义。可见中国古钟既承载着丰富的历史文化信息，又是音乐艺术的见证，也是权力礼制的象征，还是宗教信仰的体现。

今天，我和大家分享的是魏忠贤铸钟的故事。相传，魏忠贤常常为自己无后而烦恼，怕自己死后墓地荒芜，无人问津。一天，他外出游玩时发现一座寺庙，庙里面有一口大铜钟，凡是前来烧香供奉的居士，无不要来敲三下。洪亮悠长的钟声，福佑方圆百里人丁兴旺。魏忠贤看到大受启发，心里琢磨，"如果自己也来铸造一口大钟，让后人为自己敲钟祈福，岂不是可以解决自己的后顾之忧。"想到这里，他心里非常得意。

回到紫禁城后，魏忠贤以皇帝的名义，命内织染局掌印太监齐良铸钟，该钟高 1.7 米，重 800 多斤。钟的上部铸有文字"司礼监秉笔太监魏忠贤虔铸造"，为了掩人耳目，他在钟体的另一侧铸有文字："当今皇帝万岁万万岁。"大钟铸造完成后，迅速运往东华门外新建的生祠内悬挂。魏忠贤期盼着钟声响起，沉浸在自己的思绪之中，不亦乐乎。

然而，好景不长，就在这一年，崇祯皇帝即位当政，拟定魏忠贤十大罪状，对其进行法办，最终魏忠贤畏罪自缢身亡。斗转星移，这口大钟竟然保留至今，是否有后人敲响这口钟呢？当然没有，不仅如此，后人还把这口大钟作为"警钟"。

如今走进大钟寺古钟博物馆，就可以看到这口大钟。有趣的是，无论如何人们也无法将这口大钟摆正，怎么看都是一口名副其实的"歪钟"。难道真如传闻：做人要堂堂正正，光明磊落，否则，为人不正，坏事做尽，连铸出来的钟也是歪的。

传闻毕竟是传闻，专家们分析，这可能是因为在青铜钟铸造成型阶段，内外范之间的细微错位致使钟壁厚度不均，出现了一侧偏薄而另一侧偏厚的现象，这种厚度偏差进一步造成了钟体重心的偏离，使得钟无法垂直悬挂。这应该是这口"歪"钟歪的由来，至于是否有人为因素，至今无从考证。

历史的回响犹如警钟长鸣，它时刻提醒我们"忠厚传家久，正直继世长"。

作者分享

《歪钟趣谈》
创作思路

对文物的活化利用是博物馆面临的新挑战，如何让文物真正"活起来"，这要求博物馆工作者不仅要具备深厚的专业知识，还要有敏锐的洞察力和创新思维，能够从丰富的展品中挖掘深层次的文化内涵和教育价值，将其以公众易于接受和理解的形式传播出去。这篇文章就是一个很好的尝试和示范，用新的视角和方法来看待和处理博物馆的展品，使其成为连接过去与现在、历史与现实的重要桥梁。

这篇讲解稿件逻辑清楚、线索清晰、层次分明、通俗易懂，向公众生动地展示了中国古钟文化的起源、发展历程及其背后所蕴含的历史文化意义。文章不仅停留在对古钟的工艺和历史的介绍上，还进一步通过一个富有戏剧性和教育意义的历史故事，即魏忠贤铸"歪"钟，为公众呈现出一个鲜活的历史画面。

为了讲好这个充满中国元素的故事，更好地传承中华优秀传统文化，激发公众对历史的兴趣和好奇心，同时成功地开发博物馆展品的教育功能，让公众在欣赏古钟的独特魅力之余，能够深刻体会到历史的沧桑和人生的哲理，我们从以下几个方面考虑并创作了该讲解稿件。

一、文化传承与教育意义：文章首先概述古钟的起源和发展，从新石器时代晚期的简单钟形器物到青铜时代的精美编钟，体现了中国古钟文化的悠久历史。对公众来说，这是一次文化的传承与教育，有助于增强民族自豪感和文化认同感。

二、历史故事的趣味性和启发性：通过讲述魏忠贤铸钟的故事，增加文章的趣味性和可读性，同时通过历史人物魏忠贤的人生起落，向公众传达做人做事的道理。魏忠贤铸钟的初衷与最终的结果形成了鲜明的对比，具有强烈的讽刺意味和深刻的启发性。

三、科学知识与历史结合的典范：文章在讲述歪钟的故事时，不仅停留在对故事的叙述上，还通过专家的分析解释歪钟形成的科学原因。这种将科学知识与历史故事相结合的方式，既能丰富文章内容，又能提升公众的科学素养。

通过介绍大钟寺古钟博物馆里的歪钟，不仅为我们敲响了文物保护的警钟，还以此为生动案例，展现了挖掘文物背后深厚历史文化的价值。这种尝试不仅增强了公众对文化遗产的尊重和保护意识，也为博物馆事业的发展注入了新的活力。

专家点评

历史回声：
古钟的文化盛宴

歪钟趣谈这篇讲解稿件，把"趣谈"践行得恰到好处。它所传递的文化是厚重的、深邃的，然而读起来是轻快的。

这篇讲解稿件就像一场"文物脱口秀"，不仅把古钟的起源、发展讲得一清二楚，还巧妙地把魏忠贤拉来"客串"，让历史人物与文物来了场"跨界合作"，让读者在轻松愉悦的氛围中对中国古钟文化有了全面而深刻的认识。

关于文物的意义挖掘，从讲解稿件中我们可以得知，古钟不仅是音乐艺术的代表，还是权力礼制、宗教信仰的"代言人"。魏忠贤铸钟的故事，更是让文物背后的道德启示跃然纸上。观众在欣赏文物的同时，还能感受到历史的厚重和文化的深邃。

再来说说讲解员的现场表现。通过讲解员声情并茂地讲解，我们能感受到讲解员对文物的热爱和对历史文化的敬畏。好的讲解员就像一位"历史导游"，用生动的语言和有趣的故事情节，把观众带入了一个充满历史韵味的世界。

这篇讲解稿件对博物馆的文物讲解工作具有重要的参考价值。它告诉我们，文物讲解不仅要注重历史文化的传承与普及，还要深入挖掘文物背后的意义。同时，讲解员要有生动的表现，让观众乐于去听、去看，深入了解和欣赏文物。

希望博物馆和讲解员能用更加生动、有趣的方式，把中华优秀传统文化传递给更多的人。当然，文物讲解工作不是一蹴而就的，只有大家共同努力，才能创作出更多的"趣谈"！

把关人

把关人理论是指把关人负责决定哪些信息可以传播，从而影响信息的流通和社会现实的构建，由美国心理学家库尔特·勒温提出，后由传播学者大卫·怀特进一步发展，用于描述新闻传播过程中的筛选和控制行为。传统上，把关人主要指新闻编辑和媒体机构，他们通过筛选新闻稿件来构建新闻内容。然而，在数字时代，把关人的角色扩展到了社交媒体平台，他们通过分享、评论和内容创作参与信息的选择和传播。把关人理论在新媒体环境下发生了转变，比如个体用户和算法作为新兴把关人的现象，以及平台机制在信息传播中发挥越来越重要的作用。

青莲朵

作品选送：史冬青　点评：刘明星

你可曾想到，一块伤痕累累的太湖石竟能赢得两位帝王的倾心？你是否相信，一块有着斑驳印记的石头竟见证了中国历史的艰难发展？

通过这篇讲解稿件，让我们走近它、了解它——青莲朵。

青莲朵

大家好，欢迎来到中国园林博物馆，今天请大家跟随我走近镇馆之宝——青莲朵。是这块大石头吗？没错，就是这块满是疮痍、皱皱巴巴的南太湖石，它来自美丽的太湖。

大家看，呈现在我们面前的是这些大大小小的孔洞。这些孔洞形态各异，有些还可以相互贯通。很难想象，这些沉浸在河道之中的石灰岩，到底经历了怎样的河水和砂石的冲刷，才形成今天的沧桑。

青莲朵，不知是谁赋予它如此雅致而美丽的名字，它是如何从杭州来到北京的？又有着一番怎样的经历？时光荏苒，历经千年，青莲朵见证了人间怎样的变化？接下来就让我们揭开这神秘的面纱。

请看这个重达数吨的南太湖石，本体高 1.7 米，周长

3 米，质地细密，上面还有很多修补的痕迹，应该经历多次迁移。跟随历史的脚步，走进明代画家蓝瑛和孙杕描绘的梅石图，可以看到青莲朵最初的样子。它瘦、皱、漏、透，极具南太湖石的代表性特征。瘦说的是岩石细长，有长寿之意；皱是岩石表面有很多天然的褶皱的纹路；漏是从岩石上方倒水，从底下能够穿透水流；前后相通为之透。它的模样就像绽放的芙蓉，有莲花的神韵，宋高宗赵构极其喜爱，取名芙蓉石。于是，属于皇家的御用赏石——芙蓉石，在德寿宫居住下来。

随着时间的推移，到了清朝。1751 年，乾隆皇帝南巡途经杭州，来到德寿宫时，一下便被芙蓉石深深吸引，他以衣拂袖，抚摸良久。陪同的官员读懂了乾隆的心思，便将此石运至北京。乾隆大喜，马上下旨把芙蓉石安置在圆明园中，感叹：真是昔日德寿宫中石，今朝青莲朵新生！对，就叫这个名字，于是乾隆皇帝挥毫泼墨写下了"青莲朵"三个字。每每走近它，乾隆皇帝都有一种佛钵里青莲花再生的感觉，便为其题诗，赞叹：化石玲珑佛钵花，雅宜旁置绿蕉芽。

回首我国近代史，中华民族遭受的苦难之重、付出的牺牲之大，在世界历史上是罕见的。面对厄运和苦难，中国人民没有屈服，奋起抗争，前仆后继，终于在中国共产党领导下找到了实现中华民族伟大复兴的正确道路，掌握了自己的命运。青莲朵在圆明园中见证了这段历史，它身上布满斑驳的伤痕，是时代的印记。如今，这朵盛开的青莲朵，已经不再有当初的模样。它几经辗转，从北京中山公园来到了中国园林博物馆，作为珍贵的园林文物落户到这里。

让我们放慢脚步，再次审视它。穿越时空，与赵构、乾隆皇帝一起，一同欣赏这块著名的园林赏石。它背后更多不为人知的故事，在等待着你们的破解。

请记住它的名字——青莲朵。

作者分享

撰写『青莲朵』有感

"青莲朵"原名为芙蓉石，是一块南太湖石，曾置于南宋临安德寿宫中，后来深得乾隆喜爱，被命名为"青莲朵"。如今，它作为中国园林博物馆的镇馆之宝，见证了园林的演变，向世人展示了中国古代园林文化的独特魅力。党的十九大将"加强文物保护利用和文化遗产保护传承"作为坚定文化自信的重要内容并写进报告，这为我们做好博物馆工作指明了前进的方向。青莲朵这篇讲解稿件更好地顺应了时代的发展趋势，希望在此能与大家交流分享。

一、脉络与逻辑

这篇讲解稿件通过递进的方式，先对青莲朵进行了外观的描述，进而深入探究了其历史和文化背景，最后引发观众对文物价值和意义的思考。

1．**观察**：通过观察文物的外观，阐释其特征、形态、产地、成因，并从自然科学的角度探寻其形成的自然过程。

2．**探究**：基于对文物外观的了解，对文物的历史和文化展开深入探究，从而发掘文物背后的故事，这让观众仿佛置身于历史的长河之中，追溯"青莲朵"这一文物的流转历程。

3．**反思**：在深入介绍"青莲朵"之后，文章希望引发观众更深层次的感悟，引导观众反思人类在历史和自然面前的渺小——我们审视石头的同时，石头也在"审视"我们。

二、整理并构思

确定这篇讲解词的逻辑线后，我们着手完善素材并对文字进行细致的整理，力求打造清晰的层次感，使读者能够逐步深入地了解青莲朵的各个方面。

1．**知识融合**：首先从自然科学的角度描述青莲朵的形态、质地和成因，随后，将视角转向历史，通过追溯青莲朵的流转经历，将园林赏石的知识与历史事件紧密联系。

2．情感融入：在讲解过程中，不仅传递了知识，还表达出对历史的敬畏和对自然的赞美。通过青莲朵的沧桑变化，反映了时间的无情和历史的沉淀。同时进一步升华主题，暗示青莲朵不仅是自然的杰作，更是历史的见证者。

3．引发共情：整篇讲解稿件语言流畅，富有韵味，用词生动，使观众仿佛亲眼看到了那块充满故事的石头。同时，通过运用排比、对仗等修辞手法，增强文章了的表现力和感染力。

4．互动表达：结尾部分，引导观众放慢脚步，穿越时空，与历史人物一同欣赏这块著名的园林赏石。这种引导方式既能增强文章的互动性，又能激发观众的想象力和探索欲。

三、创作与完善

1．讲解员需要进行再创作：拿到讲解稿件后，他们根据自身特点对作品进行个性化的诠释。不同的讲解员应选择适合自己的风格来讲解。讲解员不仅要投入饱满的情感，还需要深度理解讲解稿件。因为只有真正理解，才能做到准确阐释；只有真正感悟，才能传递出真挚的情感。

2．针对不同受众的精准表达：在撰写和表达讲解稿件时，我们确实需要根据不同的受众群体做出相应的调整。进行讲解之前，首先应明确目标受众，然后根据受众的特征来确定语言风格。这样的讲解方式不仅更易于被受众接受，也更可能实现预期的效果。

3．多媒体的实践和应用：精心编排与设计的讲解稿件与多媒体元素相互补充，为观众提供了生动且富有深度的体验，激发观众的情感共鸣，使作品更加引人入胜。

文物科普中的意义
一篇讲解稿件在博物馆

博物馆，顾名思义，以物讲史、托物言志。文物藏品是博物馆生存与发展的物质基础，是开展科学普及和文化传播的物质载体，其规模代表着博物馆的实力，没有了文物藏品的博物馆只能被称为"展览馆""美术馆"。然而，有了文物，如何让沉寂的文物说话，如何把其承载的文化印记和科学内涵传播开来，已经成为当今博物馆科普工作的一个重要课题。借助数字化手段，的确建立了博物馆展示的新模式，实现了让文物动起来、转起来、活起来。但多年的博物馆工作经历和科普实践经验告诉我们，新技术手段必不可少，但更多的是丰富展示形式，提升感官效果，而人与人面对面地讲解这一传统科普方式没有可替代性。传统的科普方式赋予了文物可读性、情感和生命力，更能让观众共情，从而更好地实现教育传播，更好地提升公众的科学文化素养。而讲解稿件就是科普讲解的灵魂和根本所在。

　　这篇讲解稿件中的"青莲朵"，原为宋代太湖石，后流传至清代，藏于圆明园长春园内，上面有乾隆御题"青莲朵"，从而得名。民国时期移至中山公园，最终在中国园林博物馆收藏展示，成为不可多得的珍贵文物藏品，其造型优美、体量大，专家鉴定其具备极高的历史、科学、艺术价值。这样的珍贵文物要如何向公众推广普及？我们一起再来看一看这篇讲解稿件。该作品为全国文物讲解大赛的参赛作品并进入半决赛，网上投票支持率高，得到公众广泛认可，但讲解大赛能否取得好成绩还由诸多因素决定。我们这里仅就作品的内容本身进行探讨。

　　篇讲解稿件具有明显的文物科普优势：一是关注时间与空间的维度。打破以往博物馆实物讲解的通史式叙述方式，不单纯按照时间讲述文物的历史流转，而是从明代画家蓝瑛和孙杕描绘的梅石图对青莲朵形态的直观记载说起，又穿越到清乾隆皇帝御笔题名的故事，让整个讲解更加生动。二是关注文字与表达的需要。该作品充分考虑到大赛是以视频形式选拔，因此在文字撰写阶段就为表达做了很好的铺垫。该作品运用了设问，引人入胜、切入主题，并使用了适于跟随视频镜头切换的文字表达方式。比如，开头运用"欢迎来到中国园林博物馆，请大家跟随我……"，让观众跟随镜头直接步入中国园林博物馆参观。之后又依次运用"呈现在我们面前的……""请看……""让我们放慢脚步，再次审视它"等，达到了步移景异引导讲解的效果。三是关注知识与情感的融合。让实物具有可读性和传播性主要有两种方式：一种是让实物置于原生环境中；另一种是让实物陈列在博物馆中。而青莲朵陈列于中国园林博物馆室内仿建的园林环境中，结合了以上两种方式，充分展示了石头作为园林造园要素的必要性和重要性。同时，与传统文物讲解稿件相比，该作品在穿越时空之间科普了南太湖石瘦、皱、漏、透的形态特征和吉祥寓意，并在作品最后表达了爱国情怀，有利于提升科普讲解的感染力和传播力，进而实现科学普及与推广的目的。

一篇好的讲解稿件还需要根据受众的特点打磨文字风格。除了参赛，公益讲解、小讲解员培训、志愿者讲解等都需要风格各异的表达。在讲解稿件撰写过程中，就需要根据受众情况进行再创作，这样既可以提升专业性，也可以强化通俗感；既可以提高趣味性，也可以提升互动性。同时，还可以在故事性和知识性上下功夫。多种风格、多种表达方法，文物科普讲解的需求不可穷尽，讲解稿件的撰写也无定式。但万变不离其宗，科普讲解的最终目的是让科学和文化传播开来，让公众客观理解和主动参与，从而全面提升公众的科学文化素养。而一篇好的讲解稿件在博物馆文物科普中的意义也就在于此。

意见领袖

意见领袖指的是在社交网络中积极活跃、能够为他人提供意见、观点或建议，并对他人的决策产生影响的个体。意见领袖这一概念最早由美国传播学者保罗·拉扎斯菲尔德在其著作《人民的选择》中提出。随着互联网的发展，意见领袖的角色和影响力发生了变化，他们不再局限于传统媒体，而是扩展到了社交媒体和网络环境中。在网络传播中，意见领袖可能通过博客、微博等形式发布信息，影响公众意见，其影响力可能来源于对事实的掌握、逻辑推理能力或网络公信力。网络意见领袖可能表现为分散和微型化，他们的评价标准和角色定位与传统意见领袖有所不同，更加强调个体在网络中的活跃度和信息处理能力。

　　现代人非常注重信息和个人隐私安全，我们在传递重要信息或保护个人隐私时都会设置各种密码。古人同样重视信息的安全，那他们是如何保护来往书信安全，避免他人私拆书信的呢？让我们通过本节内容了解一下 2000 年前的古人是如何给书信加密的。

了解『严道橘园』背后的故事

大家好，我是文物守护者夏卫。请看我手中的这个小土块，它长 1.5 厘米、宽 1.8 厘米、高 2.3 厘米，它就是封泥，一件在展柜中不小心就会错过的文物。您千万不要小看它，它虽然很小，却蕴含着厚重的历史信息。经过考古学家的研究发现，封泥具有加密功能，它不是印章，而是盖有古代印章的干燥坚硬的泥团，多用在简牍文书外，类似现代书信中的火漆，为书信起到保密的作用。

仔细观察这件文物，其上自右向左印有篆书"严道橘园"四字。据历史学者考证，"严道"位于今天的四川省雅安市荥经县，这里是汉代著名的柑橘产地，其出产的橘子不仅口感绝佳，而且承载着向皇室进贡的荣耀。古籍中记载"蜀郡严道出橘，有橘官"。朝廷在这里专门设有官职，包括橘丞、橘监等，负责管理柑橘的种植。通过这枚封泥，我们可以看出"严道橘园"是一枚官员公章，它是古代管理果树种植的见证。不难想象，到了鲜橘成熟的季节，橘官便将贡果与简牍文书整理好，用封泥封好，固定，盖章确认，然后千里迢迢送至汉代皇帝面前。

接下来，我们来探讨一个有趣的问题：为什么古代朝廷会如此重视一个橘园，以至于专门设立一个管理职位？这不仅反映了古代社会对农业的高度重视，也体现了当时对优质水果的珍视。这不禁让我们联想到《西游记》中孙悟空被玉皇大帝委派管理蟠桃园的情节，这虽是虚构的，但从中不难捕捉到真实的历史，即朝廷对特定作物的严格管控，并给予其特殊待遇。

一枚其貌不扬却十分坚硬的封泥，承载着两千多年的历史重量。这枚"严道橘园"的封泥为中国古代作物种植与农林学的相关研究提供了宝贵的实物证据，它不仅证实了早在汉代就已经存在专门管理种植业的机构和技术，还生动地展现了当时的地方官制和经济状况，是研究汉代历史文化、经济现象不可多得的实物资料。

封泥与甲骨、简牍都是清代以后被重新认识的古代文字遗物。最初在清代道光至光绪年间，偶然在关中、齐鲁地区出土的封泥，逐渐被金石学家陈介祺、吴式芬等人收藏并展开研究。20 世纪 50 年代，随着考古发掘，大量出自墓葬、遗址的封泥，为研究人员提供了更完整的实物资料。如今，关于封泥的文字篆刻的艺术性及其所承载的历史内容的深度和广度的研究正日益深入。这项较为冷门的文物，有更多的空间等待着大家一起来探索。汉代"严道橘园"封泥是中国园林博物馆中众多馆藏封泥系列文物之一，如果您对它们感兴趣，欢迎来到博物馆，和我们一起了解封泥背后的故事。

《了解『严道橘园』背后的故事》创作说明

作为一名博物馆的文物工作者，会有什么样的工作体验？或许有人会觉得这份工作必定乏味无趣，但在我看来，它更像一场穿越时空的奇妙探险。这份工作绝不是单调、重复的。每一件文物都承载着独特的历史印记与文化意蕴，并讲述着中国的故事，传递着中国的声音。要胜任这份工作，不仅需要扎实的专业知识，更需要敏锐的洞察力和无尽的耐心，以便从细微之处还原历史的真实面貌。在探索的过程中，我与这些珍贵的文物建立了深厚的情感纽带，同时也对人类丰富多彩的历史文化有了更为深刻的认识。

"让文物活起来"这句话为我们文物工作者提出了新的方向。让公众走进文物的世界，是我作为一名文物工作者的责任和使命。在此，我想与大家分享一件汉代文物——"严道橘园"封泥。这枚小小的封泥，不仅承载着历史文化信息，更是我们窥探汉代社会风貌的一扇窗口。

当我第一次接触到汉代"严道橘园"封泥时，它表面斑驳、体型袖珍，但其上清晰的"严道橘园"四个字却让我开心不已。年代、意义、用途、何人拥有？一连串的问号进入我的脑海。带着这些疑问，我对该封泥进行了深入的研究，从中渐渐了解了这枚封泥的故事。原来"严道橘园"封泥是一件带有加密功能的文物，其上的文字也是汉代地理、职官、印章制度等内容的证明。通过对封泥的解析，我们能更加清晰地了解到汉代社会结构和全貌。

新的问题又来了，面对不同受众如何讲好封泥的故事呢？为此，我们团队开展了关于"严道橘园"封泥的科普探索。在此过程中，我认识到没有扎实的基础知识是不行的。为了更好地讲述封泥的故事，我不断学习，丰富自己对封泥的了解。

很多封泥的发现过程都充满曲折，导致封泥受损严重。而我所在的博物馆有幸馆藏了千余枚封泥，其年代跨越战国至汉代，这为我们提供了宝贵的实物研究资料。

能够帮助沉默的文物"发声"。这真不是一件容易的事。每一个文物工作者都在以自己的方式，悉心守护着人类珍贵的历史和文化遗产。每当我拿起小小的封泥时，就仿佛打开了一个充满故事的藏宝箱。封泥上的每一个细节、每一道印痕，都在讲述那些鲜为人知的历史片段。欢迎大家跟随我一同踏入这个神秘而迷人的封泥世界，共同探寻那些被岁月掩埋的奇妙故事。

《了解『严道橘园』背后的故事》点评

《了解"严道橘园"背后的故事》这篇讲解稿件内容生动且丰富，它向公众展示了馆藏文物"封泥"的特点，一步步地引发公众的猜想，从而激发他们探究文物的欲望。文章揭开历史的层层面纱，揭示了文物背后鲜为人知的故事，不仅增进了公众对文物的了解，还拓宽了他们的历史文化视野。这样的科普讲解，实现了文化传播与思想启迪的双重目标，具有十分重要的教育意义。下面，我们可以从以下几个方面品鉴与思考。

首先，通过了解封泥的产生过程及用途，公众可以猜想出，封泥的使用应该是古代社会组织结构与信息传递方式的一种体现。这促使我们进一步思考：为什么古人要用封泥来密封文书？从使用封泥的习惯中可以看出当时社会对信息传递安全性的高度重视。从讲解稿件中我们可以得出结论，"封泥"确实是古人为了确保信息安全所采取的措施，从中我们也得以了解到古代社会运行的一部分机制。

其次，通过探究封泥上的官印残迹可以推断，封泥很可能是一枚官员"公章"，其代表了古代社会的权力和身份。通过解读封泥上的文字信息，公众可以进一步了解古代的官职设置、地方行政制度等情况，从而加深对古代社会权力结构的理解。

最后，通过研究封泥本身，公众或许还能窥见古代社会的文化、经济和技术发展水平。例如，研究其制作材料和工艺，能了解当时的印章雕刻技术；研究其上的篆刻艺术风格与技艺水准，可以认识古代文字的演变历程及书法艺术的发展状况。更重要的是，它让我们思考，是什么样的社会环境和审美观念产生了这样的文物？

这篇讲解稿件通过让公众了解封泥，不仅为公众打开了一个观察和了解古代社会、文化和历史的独特窗口，还为公众提供了更多的思考角度和探究空间。期望科普讲解不仅能传授知识，更能为公众提供充满探索与发现的科学教育之旅。

议程设置

议程设置是指媒体通过强调某些议题，能够显著影响公众对议题重要性的判断，即媒体不仅能告诉我们"思考什么"，还能影响我们"如何思考"。议程设置理论是由美国传播学者麦克库姆斯和肖在 1968 年提出的，最初在北卡罗来纳州查珀尔希尔进行的总统选举研究中得到验证。随着互联网的发展，这一理论也被应用于新媒体环境，进一步探讨了网络媒体如何塑造公众议程。此外，议程设置理论的应用已经扩展到企业声誉、教育、宗教等多个领域，显示了其广泛的社会影响力。

编剧：史冬青　王蕊　点评：刘明星

一张照片

在展厅里，悬挂着一张老照片，照片中是一位老者。他是谁？科学家精神展厅里怎么会出现他的照片？他的眼睛又在注视着什么？让我们一同了解这张照片背后的故事。

科普剧本

一张照片

故事背景

故事发生在 1983 年，著名记者苏梅为汪教授拍照……

故事中汪教授的原型就是汪菊渊先生，汪菊渊是花卉园艺学家、园林学家，中国园林（造园）专业创始人，是风景园林学界第一位中国工程院院士。

角色介绍

汪教授：70 岁，男性，淡泊名利，严谨认真，对园林事业充满热情。

王兰：23 岁／64 岁（老年王兰），女性，助理，工作认真，汪教授的学生。

苏梅：26 岁，女性，著名记者，采访经验丰富，处事圆滑。

小杜：21 岁，男性，摄影师，配合苏梅工作。

薇薇：11岁，女生，班长，领导力强。

大伟：11岁，男生，喜欢开直播，有侃爷之称。

元元：大伟的好朋友，平时他俩喜欢互怼。

教师：30岁左右，带领同学们走进博物馆。

讲解员：30岁左右，为同学们宣讲科学家精神。

第一幕 展厅

【某园林博物馆科学家精神的展厅里，站着一群来自某小学的五年级学生，欢笑声不绝于耳】

大伟（挥舞着自拍杆和粉丝互动）：哈喽，我的粉丝们，上午好。欢迎今天和我一起走进园林博物馆，说起园林博物馆，有谁来过？来过的粉丝在屏幕上点个赞，今天，有抽奖，我有惊喜给大家……

元元：大伟同学，行啊，和粉丝互动呢？我看看……嚯，真棒，今天粉丝上涨100%。

同学：我看看，我看看，哇，二十多个，可以，可以。

大伟：你们懂什么！这都是"铁粉"。

元元（对着同学）：对对，别影响大伟和粉丝们互动。不过，就这个地方能拍什么呀，一个展厅而已，旧衣服、旧笔记本、各种照片……看上去就那么回事儿，也不怎么样。不晓得有什么科学家精神。

同学：就是，就这地儿，能拍出什么花样来呀！这回直播，肯定没人看……

元元：唉，这次亏大了，没有好吃的，连小卖部都找不到，一会儿上楼梯，一会儿下楼梯，累死我了。想一想凉爽的空调，想一想家里的冰箱，如果这些石头都变成冰激凌该多好……

薇薇：做什么梦呢，睡醒了吗？还冰激凌，不知道有没有小龙虾吃呀……

【周围传来同学们的嘲笑声，大伟和元元狠狠地瞪了一眼薇薇，做着鬼脸】

大伟、元元：要你多管闲事！

老师：同学们，这次咱们参观的是科学家精神主题展，你们可以了解到很多老一辈科学家的事迹，大家认真听讲解，希望每个人都能有收获。薇薇，你协助讲解员老师，我在出口处等大家。不用着急，慢慢参观，认真学习。

讲解员：请同学们跟我来。

大伟：元元，帮个忙，不能让薇薇瞧不起我。

元元：没问题，说吧，怎么帮？

大伟：我这次要闪亮出镜，你拿好手机，帮我拍美点儿。

【薇薇显露出不屑的表情】

元元：好嘞，今天必须增长点击量，我配合你……

【大伟和元元非常兴奋地进入了直播状态】

元元：你说，这地方，能增长点击量吗？

大伟：你懂什么呀，直播一些不同寻常的内容，就会有人看！

大伟：直播间的粉丝们，大家好，欢迎和我一起走进"科学家精神"主题展。我现在要和这些展品拍照，替大家打卡……

元元：你的粉丝说，让你和这些记事本拍照。

大伟（摆弄着各种姿势）：好嘞，看我的。

元元：你的粉丝说，让你和这些旧衣服拍照。

大伟：好嘞，看我的。

元元：加油，大伟，真别说，点击量真是噌噌往上涨。你的粉丝说让你和这些老照片拍照。

大伟：好嘞，看我的，这么多老照片，哪一张好？

元元（指着汪教授的照片）：粉丝呼声最高的是那一张。

大伟：快点快点，镜头跟上……

元元：哎哟！

大伟：哎哟！

【大伟和元元撞到了一位老奶奶（老年王兰）】

薇薇：奶奶，对不起。这两位是我的同学。大伟、元元，你们怎么搞的！赶紧赔礼道歉。

大伟、元元（不情愿）：奶奶，对不起。

薇薇：哎，我说，你俩这是什么态度！（低声）小心，我告诉老师。

老年王兰：没事，没事，是我影响你们了吧？

元元：嗯，大伟的粉丝希望可以和照片合影。

老年王兰（笑道）：看看，还是我呀，碍事了！

薇薇（看着大伟搞笑的姿势）怒道：您别理他们，他们这是不务正业。您瞧瞧，为了讨好粉丝，简直，简直就是……

元元（做鬼脸）：薇薇，你懂什么，你这是羡慕、嫉妒……。

薇薇（一脸不屑，然后看着老奶奶）：奶奶，您看这张照片很久了，这看上去也没有什么特别之处，而且……

大伟：而且，照片中的科学家似乎也不会拍照，这照相水平嘛，看上去，很一般。

老年王兰：这张照片中的人是我的老师——汪院士。

讲解员：王教授，您好。今天您又过来了，您应该提前告诉我一下，我给您找个椅子，休息一会儿。

老年王兰：别为我忙活了，听说你们快撤展了，我赶紧过来看看。

讲解员：同学们，你们知道吗？这次展览得到了王教授的大力支持。如果你们有什么问题，可以问一问王教授。

大伟：奶奶，不，应该叫您王教授。我正在和线上的小伙伴们进行互动，刚才发生的事情，大家都看到了。大家对您和您老师之间的故事很感兴趣，希望您能给我们讲一讲。

老年王兰：是吗？真没想到大家对老师的照片这么感

兴趣。好吧，那我就讲一讲这张照片背后的故事。

那还是上世纪八十年代，大约是 1983 年的春天……

第二幕　办公室

【王兰轻快地走进办公室，看到汪教授还在伏案工作】

王兰（收拾整理各种文字稿件）：老师，您又连续工作了一整夜。您这样没日没夜地熬着，身体能吃得消吗？

汪教授：哎呀，岁数大了，这身体还真是不灵啦。小王，昨天晚上，我在看稿件的时候发现一处问题，我做了批注。你看看，这一看，不知不觉就天亮了……

王兰（倒水）：老师还是要把身体放在第一位啊。您先喝点水，我给您准备点儿吃的。

汪教授：谢谢你，小王。一会儿你把整理好的宋代园林资料拿过来，咱们再梳理一下。

王兰：好的，老师。

【电话铃声响起】

王兰：喂，您好。我是王兰，您是哪位？

苏梅：王兰，我可找着你了！

王兰：噢，是大记者苏梅啊。怎么样，是不是汪老师的专访要刊登了。

苏梅：你别哪壶不开提哪壶行吗？我都愁死了，刚刚挨了社长一顿骂。想想我苏梅什么时候受过这样的委屈！

王兰：那是，一提起苏大记者，谁不竖大拇指呢？这是怎么了，怎么您还能挨骂？

苏梅：别提了，这次挨骂，我可是要好好感谢你们汪教授。

王兰：苏梅，你好好说话。上次采访，我们可是认真配合，汪教授都按你们的要求拍了照片。

苏梅：就是这张照片，我成了全社的笑话。大家都说，这照片拍得，这照片拍得都能上封面头版啦。

王兰（沉默了一会）：那怎么办？

苏梅：社长亲自下了命令。就今天，今天必须把照片拍好。我和小杜一会儿就到，你做好配合。

王兰：喂？喂？这人……怎么说挂就挂啊。我……我该怎么和老师说呢。

转场　电话亭

苏梅：小杜，你怎么才接电话。三分钟之内，立刻出现在我面前。

小杜（拖着各种设备）：来了！来了！别催了！

苏梅：我告诉你，这次照片再拍不好，你就卷铺盖走人！

小杜：这能怪我吗？以前我拍的照片，哪次没被社长表扬？唉，这个汪教授，我实在没办法拍出你要的感觉。

苏梅：这样吧，这次你听我指挥，看我手势。咱们一会儿再去采访汪教授，我会尽量去引导他的语言和表情，你从各个角度做好抓拍。我就不信了，多少新闻、要闻，咱们不都能轻松驾驭嘛！

小杜：苏梅姐，王兰说这教授就没拍过什么照片，您信吗？反正我不信。他一个知名教授，现在都什么年代了，他竟然说他没拍过照片，你说这到哪里说理去，怎么会有这样的人……（声音渐弱）

苏梅：你就别嘀咕了，赶紧把活干漂亮了，否则你吃不了兜着走。到时候别忘了看我的手势。

【小杜滑稽地比了个"OK"的手势】

第三幕　拍照

王兰：老师，这是您需要的资料。

汪教授：我让你拿的是宋代资料，这怎么成唐代的了？王兰啊，你今天怎么回事？马马虎虎、心不在焉，这是咱们工作的大忌。

王兰：老师，对不起，我……我……

汪教授：王兰，咱们做科研不能有半点儿马虎，需要一丝不苟。科学研究如同攀登高峰，每一步都需脚踏实地，唯有严谨治学，方能登顶真理之巅。

王兰：我知道了！老师。

【敲门的声音】

王兰：我去开门，可能是苏梅。

汪教授：苏梅，那个记者吗？上次不是已经采访完了吗？

王兰：对，就是上次采访您的苏记者……（心虚）刚才就是她打的电话，说是社长看了您的专访，对咱们的园林事业特别感兴趣。但是有些问题还没有梳理清楚，还想再请教请教您。没想到，这么快就到了。噢，对了，老师……她还说想要补拍一张照片。

汪教授：对待问题严谨，这是好事啊。采访没有问题，但是，王兰，我跟你说好了，这照片我是说什么也不拍了。我这把老骨头，可经不起他们的折腾。

王兰：好的，老师。一会儿我一定嘱咐好他们。

汪教授：嗯，别怠慢了苏记者。

【王兰开门迎接苏记者】

王兰（低声）：苏梅，你们快进来。跟你们说，我可是尽力了。老师说，采访可以，拍照免谈。一会儿你们自己想办法吧。教授可是被你们折腾怕了。

苏梅（调皮）：没问题，看我的。小杜，看我手势。

小杜：好嘞。王兰姐，那个……你说汪教授真的没拍过照片吗？

王兰：老师确实没有拍过什么个人生活照。他总说这些都是身外之物，能为园林事业奉献终生才是他真正的追求。所以说，我们老师一直觉得宣传自己确实没有必要。

【苏梅瞪了一眼八卦的小杜，吓得小杜赶紧闭嘴】

苏梅：明白，像汪教授这样淡泊名利的大专家，我们也很钦佩。放心吧，一会儿看我的。小杜，赶紧做好准备工作。

小杜：没问题，准备就绪。

苏梅：一会儿采访的时候，我先引导教授，我比这个手势，你就赶紧抓拍。

【看见汪教授走过来，苏梅连忙站起来】

汪教授：苏梅你过来了。

苏梅：汪教授您好，这次又过来打扰您。

汪教授：刚才我听王兰说了你们过来的目的，我也认为这样非常好，搞学术就应该严谨。

苏梅：谢谢汪教授，社长也表扬我了，他认为我选取的风景园林这个角度特别好。我一定不负所托，继续努力。

【小杜滑稽地比了一个手势】

汪教授：苏梅，能让更多的人了解园林、认识园林，真是太好了，不过这可不是我一个人的功劳。王兰，找个机会，给记者同志介绍一下咱们这么多年的科研成果。

王兰：好的，老师。苏梅同志，你看，这些科研成果都是教授亲自完成的。

苏梅：谢谢王兰，今天另外准备了几个问题，需要占用教授一点时间。这是什么呢？

汪教授：这些都是新中国刚成立时，我在创建造园专业的时候编写的讲义啊。

苏梅：没想到，这部书稿都要追溯到建国初期了。这些恐怕都是新中国成立之后您完成的书稿吧？

汪教授：还要更早，大约是 1943 年，当时还没有解放。我让小陈去搞梅花研究，那个时候我就跟他说一定做好中国梅花的国际登录权这项工作，而我要把中国园林史梳理出来。

王兰：没错，老师总是说中国的园林史必须由我们中国人自己梳理，形成一套中国造园的理论体系，传承下去，不能丢掉老祖宗留给我们的宝贵财富。

苏梅：汪教授，您这是一个伟大的工程！这项工作太伟大了，300年前，英国人学习了中华造园文化精髓后创立英国自然风景园。我国被称为"西方园林之母"，今天我们要让全世界更多人看到中国园林的博大精深。

汪教授：谢谢孩子们，你们说得太好了！

【此时汪教授注视着一本本即将完成的书稿】

我们中国的造园技艺留给后人的，不仅是科学成就的光辉，更是艺术审美的传承。几千年来，中国人早已经懂得了人与自然和谐相处的智慧，这正是整理中国古代园林史的意义！

【苏梅给小杜做手势】

【咔嚓】

尾声　展厅

老年王兰：为了完成《中国古代园林史》这本书稿，老师经历了长达60年的曲折与艰辛，一生几乎跑遍了中国的园林和名山大川，获得了丰富的考察资料。在20世纪90年代初期，完成了初稿，但是第十二章的内容未能修改完，下半部的插图还没校对完，老师就在 1996 年带着遗憾永远地离开了我们。十周年之后，这本书终于出版了，并荣获首届中国出版政府奖图书奖。迄今为止，这是风景园林学科著作所获的最高荣誉。

元元：大伟，我心里好难受。

薇薇：王兰奶奶，我好崇拜您的老师，我心里有一种说不上来的滋味。

元元：大伟，快瞧瞧，你的直播间现在已经有上千人了。

大伟：这简直不可思议，谢谢大家关注。

薇薇：您应该感谢王兰奶奶，谢谢奶奶给我们上了这么生动的一堂课。

元元、大伟：谢谢奶奶。我们……刚才不应该对您没有礼貌。

王兰：孩子们，是我要感谢你们，将我带回到那些美好的回忆中。

讲解员：王兰教授，您能和孩子们一起合个影吗？

合：太棒了。

【远处传来老师喊集合的声音】

（我想，这张照片，将会给孩子们带来难忘的回忆）。

作者 分享

《一张照片》
创作大纲

一、故事背景

党的二十大报告强调了大力弘扬科学家精神的重要性。作为科学传播工作者，我们肩负着这项重要任务，即让大众了解什么是科学家精神。为此，我们需要不断探索各类科普创新形式，探索如何有效地传播科学家精神。在实践中，我们发现一个有效的途径就是科普剧。科普剧以其特有的表现形式，能生动再现科学家背后的奋斗历程与感人故事，使抽象的精神具象化，使公众更容易接受和感知。

通过科普剧的演绎，也可以拉近科学与观众之间的距离，让科学家精神的影响深入人心，对全社会，尤其是青少年的科学教育产生深远的影响。

二、故事梗概

在展厅里，悬挂着一张普通的老照片，一位白发苍苍

的老奶奶和几名顽皮的学生在巧合下一同揭开了这张照片
背后的故事。

那是在 1983 年某一天的清晨，在经历了又一个通宵
的工作后，汪菊渊院士和助手王兰接到了一通"意料之
外"的电话。正是这通来自记者苏梅"意料之外"的电
话，拉开了一张照片的故事帷幕。

三、创作特点

本剧以一张照片为线索，以汪菊渊院士助手的回忆为
主线，讲述这张照片背后的故事。故事短小精湛、剧情紧
凑，通过展现汪院士的日常工作场景、院士与助手间的
对话及摄影师拍摄过程中的种种困难，生动描绘了汪院士
在中国风景园林领域的卓越贡献，体现了他炽热的爱国情
怀、一丝不苟的学术追求和无私忘我的科学家风范。从助
手王兰对老师的深情回忆中，我们可以感受到汪院士对后
辈的关心与提携，这充分彰显了他奖掖后学的崇高品德。

本剧还独具匠心地融入了青少年学生对照片背后故事
的好奇与感悟，借此强调在青少年心中播种科学家精神的
重要性和长远影响。该剧通过精心创作与呈现，旨在唤起
全社会对科学家精神的广泛认同和尊重，进一步提高大众
对青少年科学教育的关注度，共同致力于科学事业的兴盛

与发展。

四、科学家精神

汪菊渊院士秉持淡泊名利的态度，专注于科研工作，甚至不愿因拍照而留名，诠释出科学家淡泊名利、潜心研究的奉献精神。

汪菊渊院士亲手创办造园组，带领科研团队将其一生的教学成果与经验整理编纂成著作，流传后世，展现了科学家甘为人梯的育人精神。

科研工作上，汪菊渊院士对待工作一丝不苟、对科研细节极致追求，体现出科学家追求真理、严谨治学的求实精神。

专家点评

《一张照片》点评

　　《一张照片》这部剧本以其细腻的人物刻画、丰富的情节安排，成功地展现了科学家精神的内涵，同时也深入挖掘了博物馆展品在科普资源开发中的潜力与价值。通过这部剧本，我们不仅能够领略到科学家严谨认真、淡泊名利的崇高精神，还能够感受到博物馆展品作为科普资源的重要性与魅力。

　　在科学家精神的展现与传递方面，剧本以汪菊渊院士为核心人物，其严谨认真、淡泊名利的品质，为我们呈现出一位真正的科学家形象。汪菊渊院士对园林事业的热情与执着，让我们深刻感受到科学家对于事业的热爱与追求。在剧本中，汪菊渊院士的每一个动作、每一句话都透露出他对科学的敬畏与尊重，这种精神无疑是对我们年轻一代的极大鼓舞与启示。

剧本还通过汪菊渊院士与学生、记者等人的互动，进一步传递了科学家精神。在与学生的交流中，汪菊渊院士以身作则，用自己的实际行动影响着学生，让他们学会如何做人、如何做事。在与记者的对话中，汪菊渊院士更是以平实的话语，表达了自己对科学的看法与理解，使得更多的人能够了解科学家、理解科学。

在如何开发博物馆展品的科普资源方面，剧本也进行了很好的呈现。通过王兰的回忆，我们了解到那张照片背后的故事，也认识到了博物馆展品所承载的历史与文化价值。这些展品不仅仅是历史的见证，更是科学知识的载体。它们能够激发人们对于科学的兴趣与好奇心，引导人们去探索、去学习。

剧本通过王兰与学生们之间的互动，展示了博物馆展品在科普教育中的重要作用。剧本用生动的故事吸引了学生们的注意力，不仅提高了科普教育的效果，也使得科普资源得到了更加充分地利用。

《一张照片》这部剧本在展现科学家精神、传递科学家品质、开发博物馆展品的科普资源等方面都做得非常出色。它让我们更加深入地了解了科学家的内心世界与精神风貌，也让我们认识到了博物馆展品在科普教育中的重要作用。

然而，将此剧本搬上舞台确实存在一定的挑战，尤其是要妥善处理好剧本中的喜剧元素与科学严肃性的冲突。因此，导演和演员在排练及表演过程中必须把握好表演分寸，确保喜剧效果与科学严肃性两者之间的平衡，既要生动呈现喜剧桥段，又要不失对科学工作的庄严展现，以确保主线剧情的深刻阐释，使观众在愉悦轻松的氛围中，尊重科学，接受科学家精神的熏陶。

希望未来能够出现更多这样的剧本，让我们在欣赏艺术的同时，能够感受到科学家精神的力量，更加深入地了解科学、热爱科学、传播科学。

尾声

做好科普场馆建设的几点思考

中国园林博物馆　副馆长　刘明星

　　全过程经历了一座博物馆的筹建、运行与发展；全身心投入了一场从科普干部到科普带队人的从业之路。我，对做好科普场馆建设有了以下几点思考。

　　建设一座科普场馆要有明确的责任使命。为什么要建设科普场馆？要建设一座怎样的科普场馆？这座科普场馆将发挥怎样的作用？这是建设一座有灵魂、有质量的科普场馆首先要思考的问题。当然，所有科普场馆所肩负的共同责任和使命，就是提高全民科学文化素养，而一个科普场馆至少要将一个方向或目标具体化。比如，中国园林博物馆，在建馆之初就明确了建馆理念：中国园林——我们的理想家园，所倡导的就是人与自然和谐共生的生态文明思想。她作为一座行业博物馆，作为全国唯一一座以园林为主题的国家一级博物馆，随着园林绿化行业的发展应运而生，凭着对行业的专注与专业，全面展示着中国园林的悠久历史、灿烂文化、多元功能和辉煌成就，让公众通过深入了解中国园林，更客观地理解中国园林优秀传统文化。

建设一座科普场馆要有独特的内核资源。用资源的唯一性优势提升场馆的科普核心竞争力。中国园林博物馆的非凡之处就在于，她是一座有生命的博物馆。其本身就是生态改造的成功范例，讲述着化腐朽为神奇的故事，拥有200余种珍贵的活态植物，展示着生生不息的山水画卷，收藏着辐射民族生命力的园林文物藏品，3000年的中国园林发展史与中华优秀传统文化一脉相承。而全国科普基地、国家一级博物馆、国家4A级景区的多重身份，也让中国园林博物馆兼具科技、文化、旅游融合发展的"大科普"优势。

建设一座科普场馆要有科学的基地规划。参与式科普、分众化能力，成为科普场馆建设的刚性需求。中国园林博物馆面向园林爱好者、成年人群体、青少年群体，科学统筹规划科普场馆空间。打造了宏观植物展教区、微观植物实验室、传统手工创意工坊等，并且设有生态小课堂、公众教育中心、园林大讲堂等，最大限度满足针对不同公众群体科普的需求。

建设一座科普场馆要有先进的教育模式。一座高质量发展的科普场馆必须具备三种教育模式。一是科学素质与综合素质教育结合的模式，也是科普场馆的校外教育与学校教育的结合。如何把科普工作与德智体美劳综合素质教育对接？如何把校外教育与学校教育的新课标对接？决定了科普场馆科普工作的质量与效能。二是特色资源的科普转化模式。科普资源的形式转化至关重要。科普研究成果、科普课程研发、科普图书制作、科普活动推广等，都需要建立合适的发展模式。三是线上与线下科普的融合模式。不同时期要有不同的融合模式，场馆封闭期间的线上线下同质化，与场馆开放期间的线上线下差异化，都需要不断探索与实践。

建设一座科普场馆要有过硬的人员队伍。要树立"大科普"理念，基于整个场馆建设专、兼职科普人才队伍。科普场馆必不可少的四支队伍包括科学传播专业技术干部队伍、专职讲解人员队伍、志愿者队伍、专家团队。具体到中国园林博物馆，科学传播专业技术干部涉及藏品、展览、景观、科研等多个领域，通过科普研究、制作、推广，实现立体化科普工作。同时，在打造专职讲解人员队伍的基础上，建立园林小讲师志愿者讲解队伍和园林大讲堂专家指导团队，为高质量打造科普品牌提供了更多可能。

不忘初心，不负韶华。科普从业之路，一旦启航，便没有终点。我们将继续在思考和实践中不断前行！

青年教师提高科普教育能力的路径和方法

北京市第九十四中学机场分校　特级教师　王振祥

首都师范大学附属实验学校　高级教师　龚玉红

　　青年教师对科普教育工作、学生科技素养的发展具有重要的作用。国务院颁布实施的《全民科学素质行动规划纲要（2021—2035年）》中指出：当前和今后一个时期，我国发展仍然处于重要战略机遇期，但机遇和挑战都有新的发展变化。还指出"科技创新正在释放巨大能量""科学素质建设站在了新的历史起点"。同时强调：实施教师科学素质提升工程，将科学精神纳入教师培养过程。从"科学普及与科技创新同等重要"的战略高度看，"将科学精神纳入教师培养过程"极其重要且紧迫。青年教师要抓住这一时机，从多方面、多渠道提高科学素养，增加科学知识储备，学会用科学的思维方式和态度解决问题，提高科学创新能力。

青年教师提高科普教育能力的路径和方法有哪些呢？

专业知识与技能的提升

教师队伍的专业科学素质水平既关乎未来公民整体科学素质的提升，也关乎青少年科技创新后备人才的培养。作为青年教师应具有高尚的道德情操、渊博的科学知识、精湛的专业技术和较强的科研创新能力。

"给学生一碗水，教师要有一桶水"，这是教育中的经典箴言。结合现在的新形势，科学教师需要具备的不仅是"一桶水"，而是"一条奔流不息的河流"。青年教师只有具备渊博的科学知识，才能给学生进行权威、准确的科普。这就要求青年教师有强烈的求知欲，具有持续学习和更新知识的能力，要与时俱进，把握学科的进展动态，了解最前沿的知识和技术，不断更新自己的科学知识库。还要有一定的文化基础知识和教育科学理论知识，如此，在指导学生的过程中才能驾轻就熟，触类旁通。

随着新课标的全面实施，跨学科教学成为青年教师需要掌握的教学方式。跨学科教学是从塑造"完整的人"的培养目标出发，将学生置于育人整体之中，打破学科壁垒，以多学科协同方式，综合运用各学科知识与能力，解决真实情境中的实际问题，助力学生全面成长，创造性地学习。青年教师应开展跨学科阅读，把握跨学科教学的深层次理论，持续发展本学科的教学能力，提升学科素养，了解跨学科知识和方法，构建宽广的跨学科知识体系和系统逻辑框架，统筹关联学科，拓宽教学视野，提升多元化思维水平。青年教师还要尝试其他新的教学方法，提高操作技能，使用创新方法和工具，提高科普指导能力，针对不同学生使用不同的教学方法，提高指导效果。

教学设计与实施

青年教师要想提高自己的科普教育能力，首先就要提高教学设计能力。教学设计是对未来即将展开的教学活动实施过程中可能出现的教师教的行为和学生学的行为的预设，是教师的理想预期。教学设计的实施是师生在教学中实际发生的教与学的活动过程。做好教学设计，就是要做到"打有准备之仗"，这样，在教学活动实施过程中就可以做到事半功倍。

教学设计，要以课程标准为指导，面向全体学生，制定教学目标。教学目标是教学活动所要达到的预期结果，具有导向作用，评价作用，是教与学的出发点和归宿。在制定教学目标时要具体、明确，确保科普内容与课程目标紧密相连。教学设计还要考虑到所教学生的知识和能力现状，考虑到不同学生之间存在的差异，考虑到每个学生的性别、兴趣、生活环境、文化背景等方面的差异，为每个学生提供公平的学习机会和有效的指导。

科普教育课程的探究性质很强，在进行教学设计时，要以科普内容为主线，为学生创设真实情境，采用动画、视频、互动游戏等方式激发学生的学习兴趣。在实施过程中，充分发挥学生的主体作用，给学生探究的时间和空间，强化实践操作，通过实验、观察等活动，引导学生多"看一看""想一想""说一说""动一动"，鼓励学生在实际操作中去发现、理解。只有亲身体验科学知识的实际应用，学生才能在学习科学知识的同时，掌握科学的研究方法，提高科学探究能力，加深对科学本质的理解，激发创新精神，体会科学与生活的关系，走向更广阔、更深奥的探索领域。

沟通与互动能力的提升

语言是思想交流的重要工具，是教师传授知识的重要载体，青年教师要提高教学语言的表达能力，用语言的表现力来吸引学生，抓住问题的实质，围绕中心组织语言，将知识性、趣味性、严谨性、精确性融为一体，用简洁明了、生动有趣的语言讲述科学故事，解释科学概念和原理，将信息准确无误、生动形象地传达给学生，加深学生对科学知识的理解和应用。

"亲其师，信其道"，青年教师还要做学生的良师益友，要有较强的亲和力和沟通能力，为学生创设积极的课堂氛围，采用科学探究、小组讨论、互动体验等形式，鼓励学生多思考、多提问，激发学生的求知欲和学习热情。青年教师还要观察学生的学习状态，关心学生的学习进展，提供个性化指导，积极传播科学知识，弘扬科学精神。

科普活动参与与社区合作

青年教师要自觉主动地提高自己的科学素养和教学素养，要走出科学教材，充分联系生活，关注科学新动向，加强校内校外的联系，与社区合作开展科普项目，带领学生走进科研院校、科技馆、博物馆，参与科普讲座、展览、科学实验等，感受现代科技在社会发展中的作用，拓宽视野，虚心向专家请教，勇于实践、认真钻研，在真实情境中提高科学探究能力及实践能力，进而提高自己的科普教育能力。

在信息时代，科学传播的方式也发生了很大的改变，从报纸、杂志、科普期刊转向了以公众号、短视频、直播平台为代表的社交新媒体，极大地改变了公众获取科普知识的方式。青年教师要充分利用网络资源，开展或参与线上科普活动，在拓宽学习渠道的同时，从社交媒体等平台中筛选出科学、有效的信息，增强科学知识普及能力，进行科技信息的传播，扩大影响力。青年教师要从更多角度审视与思考科学，更精准地把握科普教育工作的方式方法。

持续评估与反思

教学评估是指评定教学效果及教学目标的达成度，是提高学生学习效果的重要手段，可以通过测试、观察、提问、讨论等方法，采用积分制、自评、互评等方式进行评估，目的在于以事实为依据，通过定期收集和分析学生的反馈信息，了解学生的学习情况，掌握教学工作现状，找出存在的问题和不足，并做出相应的判断，总结经验教训，调整教学策略，改进教学方法，使教学更有针对性和个性化，从而更好地实现教学目标，提升教学效果。

青年教师要能深刻认识到科普教育的意义，结合自身的实际情况制订提升科学素养的规划，努力跟上时代发展的步伐，积极自觉、主动学习，博览群书，使自己掌握更多的科普知识，拥有更广阔的视野，积极参加科普培训、科学研讨活动，学习先进的教学经验和教学模式，夯实专业理论知识，锤炼专业实践能力。在实践中不断完善对青少年的科普指导策略，总结经验和教训，不断改进教学方法，以提高教学能力和素养，提升科研创新能力，为普及青少年科学教育、提高青少年的科学素养作出应有的贡献。